Gudrun Schulz
Reime und Gedichte für Kita-Kinder

Für meinen Sohn und seinen Vater

Gudrun Schulz, Univ.-Prof. in (i. R.) Dr. habil.; Professorin für Deutsche Sprache u. Literatur u. ihre Didaktik an der Univ. Vechta (1993 – 2004). Forschungen: Neuere deutsche Literatur, Kinder- und Jugendliteratur, Rezeptionsprozesse / Entwicklung und Erprobung didaktischer Konzepte. Zahlreiche Publikationen, z. B. zu Bertolt Brecht, zu James Krüss und zu Umgang mit Gedichten; Aufsätze in Büchern, Festschriften und Zeitschriften zur Literatur, Kinderliteratur und zur Literaturdidaktik.

Gudrun Schulz

Reime und Gedichte für Kita-Kinder

Sprachkompetenz spielerisch fördern

Bei Fragen und Anregungen wenden Sie sich bitte an unsere Berater:
Marketing, 14328 Berlin, Cornelsen Service Center,
Servicetelefon 030 / 89 785 89 29

Weitere Informationen finden Sie im Internet unter:
www.cornelsen.de/fruehe-kindheit

Lektorat: Mareike Kerz, Berlin
Gesamtgestaltung & technische Umsetzung: Claudia Adam Graphik Design, Darmstadt
Illustrationen Cover und Innenteil: © andreapetrlik – fotolia.com

1. Auflage 2014

© 2014 Cornelsen Schulverlage GmbH, Berlin

Druck: Beltz Bad Langensalza GmbH

ISBN 978-3-589-24856-8

 Inhalt gedruckt auf säurefreiem Papier
aus nachhaltiger Forstwirtschaft.

Inhalt

Übersicht der Kinderreime und Gedichte

Reime und Gedichte fördern die Sprachkompetenz

Kinderreime – anmutige Spiele für Sprache und Denken

Kinderreime „sind Vorversuche der Phantasie, erste Flugversuche eines noch nicht ganz flüggen Geistes, anmutige Spiele zwischen Sinn und Unsinn".
JAMES KRÜSS

Ein Mädchen aus Lüneburg, etwas über zwei Jahre alt, beobachtet, wie die Mutter Wäsche zum Trocknen draußen aufhängt, die der Wind sofort heftig bewegt. Das Kind kommentiert den Vorgang, indem es spontan und voller Freude ruft:

Der Wind, der Wind,
Das himmlische Kind.

Der Reim stammt aus dem Märchen *Hänsel und Gretel* der Brüder Grimm (Märchen sind reich an Sprüchen und Reimen). Das Kind nutzt die gereimte Sprache, einen Vers aus einem Märchen, das ihm viele Male vorgelesen worden ist, um die Faszination des beobachteten Vorgangs – große flatternde Wäschestücke auf einer Leine – mit Worten wiederzugeben. Der Reim passt perfekt, um das Geschehen in der Umwelt des Mädchens zu beschreiben.
Eine erstaunliche Denk- und Sprachleistung des Kindes.

Wie gelingt es dem Kind, die Beobachtung perfekt sprachlich zu formulieren?

- Das Kind hat sich in einer konkreten Situation an einen Reim aus einem Märchen erinnert.

- Die Verbindung zur flatternden Wäsche stellt das Wort „Wind" her.

- Das Wort „Wind" wird im Märchenreim wiederholt und Wiederholungen prägen sich ein.

- Zu dem Wort „Wind" findet sich das Reimwort „Kind".

- Es löst die Spannung im Reim auf (ein Ausatmen erfolgt).

- Der Reim bekommt mit der Betonung auf „Wind" und „Kind" einen einprägsamen Rhythmus, der das Sprechen unterstützt.

- Die Verszeile „Das himmlische Kind" hebt mit dem Wort „himmlisch"
  das Ganze zusätzlich ins Poetische.

- Das Kind hat den Reim aus dem Märchengeschehen herausgelöst
  und auf einen alltäglichen Vorgang seiner Welt perfekt sprachlich
  übertragen können.

Da das Kind erfährt, wie gut der Reim ihm sprachlich gelingt und wie genau er
auf die Situation passt, wiederholt es die Sprachform immer wieder.
Ein „anmutiges Spiel" (Krüss 1969, S. 11), den Sinn eines Vorgangs und die Mit-
teilung darüber mittels Sprache zu erfassen.

Dass das Schwierige vergnüglich sein kann, wird viel zu selten mitgedacht bei
der Förderung des Spracherwerbs, dem Hineinwachsen in die Sprache.
Unser Sohn trägt im Alter von drei Jahren zu unserer Verblüffung die in
dieses Buch aufgenommene *Kinderpredigt* vor, ohne einmal zu stocken
(Des Knaben Wunderhorn 1974, S. 259). Die Tagesmutter hatte dem Kind über
Vorsprechen und Mitsprechen die *Kinderpredigt* eingeübt. Die hatte den
Reim aus der mündlichen Überlieferung über viele Jahre hinweg im Gedächt-
nis gespeichert.

James Krüss nennt die Kinderreime, anknüpfend an ihre ursprüngliche mündliche Herkunft und Weitergabe, *Ammenreime* (Krüss 1969, S. 11).
In dem Buch *Gehirn und Gedicht* gehen der Dichter Raoul Schrott und der Neu-
rowissenschaftler Arthur Jacobs dem Phänomen nach, wieso wir Reime lange
und intensiv im Gehirn speichern können und wie sie dort hineinkommen
(2011). Darauf wird noch einzugehen sein, weil die Analysen nachhaltig das
Anliegen dieses Buches mittragen.

Gestützt wird die Sicht auf die Sprachförderung mittels Reimen und Gedichten in der frühen Kindheit auch durch weitere wissenschaftliche Studien, wie
die von Gisela Szagun in ihrem Buch *Das Wunder des Spracherwerbs. So lernt
das Kind sprechen* (2007). Szagun kann nachweisen, dass

> „der grundlegende Spracherwerb […] etwa in die Altersspanne zwischen
> ca. einem bis vier Jahren" (2007, S. 11) fällt. Manche Kinder, so die Autorin
> weiter, brauchen nur „zweieinhalb bis drei Jahre […], um die Grammatik
> ihrer Muttersprache zu beherrschen. Und dabei scheinen sie sich nicht
> einmal anzustrengen. Sie pauken keine Vokabeln und auch keine unregel-
> mäßigen Verben" (ebd., S. 12). Aber sie verfügen in diesem Alter „über eine

besondere Sensibilität für das Erlernen der Sprache." Das bezieht sich auch auf ein Potential für das Erlernen fremder Sprachen. Das „Gehirn von Kindern in der Zeit bis zur mittleren Kindheit [verfügt] über eine besondere Aufnahmefähigkeit für sprachliches Lernen" (ebd., S.13).

Reime helfen, die Grammatik „spielend" zu erlernen

Im Prozess des Spracherwerbs, der sich in der frühen Kindheit vollzieht, lernt das Kind, vereinfacht gesagt, nach Lallen und Schreien als Ausdruck seiner Wünsche, zunächst einzelne Wörter, wie z.B. „da" oder auch schon „Ast", „Wautater" (für Katze) oder „Moom" (für Mond).
Es benennt Dinge oder Erscheinungen, die dem Kind wiederholt begegnen und über die es etwas mitteilen möchte.
Mit etwa 18 Monaten, bei manchen Kindern früher, entstehen die Zweiwortsätze, mit denen bereits viel gesagt werden kann und mit denen die Grammatik beginnt, wenn das Kind sagt: „Tante Arm", was so viel heißt, wie: „Tante, nimm mich auf den Arm". Häufig taucht diesbezüglich das Wort „da" in Zweiwortsätzen auf, wenn Kinder sagen: „Auto da / da Igel / Trecker da / Tobi da" usw.

Die Spracherwerbsforschung ist der Meinung, dass das Kind mitteilen möchte, „dass ein Gegenstand vorhanden ist" (Szagun 2007, S.73).
Die Kinder wollen aber darüber hinaus auch mitteilen, wenn etwas nicht mehr vorhanden ist, wie z.B.: „Hund weg / kein Stuhl" o.Ä. (ebd., S. 74).
Und sie drücken „räumliche Bewegung", Eigenschaften und Besitz aus und sagen „Sätze mit Subjekt und Verb oder mit Objekt und Verb. Zweiwortsätze sind eine rudimentäre Grammatik" (ebd., 2007, S.76).
Nach Szagun fangen die Kinder früh an „mit der Mehrzahlbildung", auch mit der Entdeckung des grammatischen Geschlechts und mit den Kasusformen (etwa im 3. Lebensjahr). Mitunter treten in diesem Umfeld Fehler auf, die verschwinden, aber auch bis in die Schulzeit dauern können.

Im „Alter von vier Jahren verfügen die meisten Kinder über eine grundlegende Grammatik" (ebd., S.90).
„Was sind diesbezüglich Lernmuster", fragt Szagun und hebt Aspekte hervor, die auch für die Sprachförderung mit dem Reime-Buch bedeutsam sind:

- „Nachahmung – besonders zu Beginn des Erwerbs eines sprachlichen Musters.
- Analogiebildung und Verallgemeinerung. Das ist der mächtigste Lernmechanismus, der es möglich macht, schnell viele neue Formen zu bilden und zu lernen.
- Häufigkeit im Angebot nutzen. Das wiederholt und bietet Vielfalt" (ebd., 2007, S.107).

Nachfolgende Beispiele greifen Szaguns Ansatz auf und wollen exemplarisch zeigen, wie grammatische Formen auf spielerische Weise, z.B. über das wiederholte Sprechen und Singen der Reime (Nachahmung und Analogiebildung) erlernt werden können. Und „sie pauken [dafür] keine Vokabeln oder unregelmäßigen Verben", wie Szagun ausführt (ebd., S.12).

Scheinbar grammatisch Schwieriges – wenn es bewusst gemacht werden muss – ist in der frühen Kindheit mittels der Kinderreime „leicht" zu erwerben. In ihrer Nutzung, im Rückgriff auf diese Formen liegt eine **Chance für alle Kinder,** sich auch auf diesem Weg die deutsche Sprache sowohl als Muttersprache wie auch als Verkehrssprache korrekt anzueignen.

 Beispiele zum Erwerb grammatischer Formen

Häschen in der Grube saß da und schlief.

Der Kinderreim „lebt" vom **Imperfekt starker (irregulärer) Verben:** „Häschen ... saß und schlief".
Diese Form wird von Kindern in der frühen Phase der Sprachentwicklung manchmal umgangen, vor allem, wenn das Sprachvorbild fehlt. Vielmehr bilden sie Analogien zum Imperfekt schwacher Verben. Sie sagen z.B., dass jemand „schliefte", ähnlich „lachte" und „spielte", wie die Formen des Imperfekts bei schwachen Verben heißen. Der Reim vom „Häschen in der Grube" kann eine Brücke bilden, die korrekte, aber schwierige Form des Imperfekts starker Verben zu erlernen und zu benutzen.

Wenn ich ein Vöglein wär, / Und auch zwei Flüglein hätt, / Flög ich zu dir.

Die im Beispiel hervorgehobene **Konjunktivform** „Flög" ist im Reim verbunden mit einem Konditionalsatzgefüge: „Wenn ich ... wär und ... hätt". Solche Formen gehören zum Schatz der deutschen Sprache.

Man könnte, bezogen auf diese Form, von „Transzendenz" (einem Über-schreiten der Grenzen der Erfahrung) sprechen, denn: „Wenn ich ein Vöglein wär" – ich bin aber keins, Folge: „flög ich zu dir", ich fliege aber nicht zu dir, weil ich ja kein Vöglein bin. – vgl. Kürschner 2003, S.103 f., 109) Im Reim auf-gehoben, werden solche Formen von den Kindern mühelos gesprochen und von einigen auch in den eigenen Sprachgebrauch übernommen und in neu-en Sprach-Situationen ausprobiert.

Sprache entwickelt sich im Umgang mit anderen

Da Sprache und Denken eng miteinander verknüpft sind, geht mit der Sprach-entwicklung auch die Ausbildung der Denkfähigkeit einher wie umgekehrt.

 Kinderreime und Gedichte vermitteln mit ihrem Inhalt dem Kind Erfah-rungen über die Welt und deren Erscheinungen und ermöglichen mittels ihres Formenreichtums das Kennenlernen vielfältiger Sprachformen. Sie kommen deshalb der sensiblen Phase in der Sprach- und Denkentwick-lung des Kindes entgegen und befördern sie zugleich.

Die Sprache ist das Bindeglied zwischen der Mutter/der Erzieherin und dem Kind, zwischen Mensch und Mensch, zwischen den Angehörigen innerhalb ei-ner Gesellschaft und darüber hinaus.

Sprache aber bildet sich nicht im Alleingang heraus und sie kommt nicht von selbst, auch wenn bestimmte Strukturen dafür in uns angelegt sind.
Sprache entwickelt sich im Umgang mit anderen.
Der Mensch ist auf das DU hin konzipiert.

Kinder, die in der Kita einen Sprachreichtum erwerben, erobern diesen, indem mit ihnen gesprochen, gesungen, redend gespielt, spielend geredet, zugehört und Hand und Fuß, das Kind insgesamt mit in das Sprechen einbezogen wird.

Aktuelle Untersuchungen zur Sprachfähigkeit bei Beginn der Grundschule (2013) verweisen darauf, dass eine gute Spracharbeit in der Kita zu geübten Sprechern führt, jenen, die mit Sprache umgehen können und sich ihre Welt in den verschiedensten Bereichen anzueignen vermögen. Mit Sprache umgehen können, das hilft auch, ein guter Leser zu werden, weil diese Kinder beim Lesen lernen, auf Sprachmuster („Reimlexikon") zurückgreifen können, worauf später erneut eingegangen wird.

Und sie sind geübt, anhand der Reime und Gedichte, des genauen Hinhörens / Zuhörens und des Sprechens darüber, herauszufinden, was man mit einem Text machen kann und was der Text ihnen dabei über sie selbst erzählt.

Mit Texten umgehen können heißt auch, sich selbständig Wissen in verschiedenen Bereichen des Lebens anzueignen und mittels Literatur den „Spieltrieb des Geistes, den wir Phantasie nennen" zu entdecken.

Ohne Phantasie aber

> „kommt niemand zu einer rechten Anschauung von sich selbst und
> von der Welt" (Krüss 1969, S. 12).

James Krüss, der Dichter von *Zauberer Korinthe, Die Weihnachtsmaus* und vielen anderen Gedichten und Erzählungen, selbst ein Sprachkönner und Sprachenkenner, plädierte dafür – und dieses Buch fordert gleichfalls dazu auf –, die Jüngsten mit Kinderreimen und Gedichten vertraut zu machen.

Deshalb richtet sich das vorliegende Buch an alle, die den Kindern die Kinderreime und Gedichte vorsprechen oder vorsingen wollen und sollen und die die Kinder zum Zuhören, Mitsprechen und Selber-Sprechen ermuntern:
Die Erzieherinnen in der Kita und jene, die in der Ausbildung dafür sind, und die Mutter oder der Vater, die Tagesmutter, auch die Lehrerin im Anfangsunterricht und darüber hinaus.

Mit Reimen in die Welt hineinwachsen

„Während das Kind in die Sprache hineinwächst,
wächst es zugleich in die Welt hinein – und umgekehrt."
JAMES KRÜSS

Kinderreime, Sprüche, Lieder, Gedichte, Kindergebete gehören seit Urzeiten zum mündlich im Volk verbreiteten Bestand lyrischer Formen.

Jede Sprache, so Krüss, bewahrt diese Verse

> „am Grund ihrer Schatztruhe auf.
> Man denke an die Einlull-Zeilen, mit denen Mütter ihre Kinder
> in Schlaf zu singen pflegen.
> Der Bulgare singt ‚ula, lula, letka‘,
> der Italiener ‚nina, nana, moneletto‘,
> der Holländer ‚susela, dusela‘,
> der Deutsche ‚eia, popeia‘;
> in Frankreich klingt es ‚fait do do‘,
> auf den gälischen Inseln sagt man ‚o ho ro‘" (Krüss 1969, S. 12 f.).

Schriftlich überliefert findet man Kinderverse bereits früh bei Horatius und „Spielverse des Lukas-Evangeliums" (Roscher in Nachwort 1968, S. 164):

„Wir haben euch gepfiffen, und ihr habt nicht getanzet;
wir haben euch geklaget, und ihr habt nicht geweinet."

Bereits im 16. Jh. begegnet man in einem Wiegenlied der uns vertrauten Wendung „Schlaf, Kindlein, schlaf". (Eine interessante historische Analyse des Wegs der Kinderreime legte Achim Roscher vor. In: Ebd., S. 164 ff.)

Von Anbeginn, so lassen uns die Wiegenlieder vermuten, dienten Verse dazu, die Kinder, aber nicht nur sie, zu beruhigen, in den Schlaf zu singen, aber auch Abbilder über die Welt zu vermitteln, wenn es im bekanntesten Schlaflied (*Morgenlied von den Schäfchen* – vgl. S. 53 in diesem Buch) in der zweiten Strophe heißt:

Schlaf, Kindlein, schlaf,
Am Himmel ziehn die Schaf,
Die Sternlein sind die Lämmerlein,
Der Mond, der ist das Schäferlein,
Schlaf, Kindlein, schlaf.

Diese Strophe des Gedichts erzählt von den Sternen und vom Mond und gibt, poetisch überhöht, dafür eine Deutung, denn:
„Der Mond, der ist das Schäferlein".

Die Verszeile findet in der ersten Strophe eine Entsprechung in der „real-fiktiven" Welt, wo der Vater die Schafe hütet (ebd.):

Schlaf, Kindlein, schlaf.
Der Vater hüt die Schaf.

Andere Beispiele aus der vorliegenden Textauswahl, wie die Verse „Essen und Trinken", die zu den Jahreszeiten „Natur erleben – Feste feiern" oder die Trost-sprüche „Wenn es wehtut" (Heile, heile, Segen), waren und sind dazu angetan, den Alltag der Kinder zu begleiten, sie aufzumuntern, dies oder jenes zu tun (Wenn mein Kind nicht essen will / Hereinspaziert zur Tierschau) oder auch zu lassen (Hau dich nicht). Und: Die Kinderreime sind immer auch Weitergabe von und ein Spiel mit der Sprache, die in das Land der Fantasie führen.
Kinderreime und Gedichte erweitern den Sprachschatz des Kindes und sein Denkvermögen.

Die in den Reimen enthaltenen Wörter bzw. Wortgruppen bezeichnen u.a. Gegenständliches und Nichtgegenständliches („das ist der Daumen") und ein Geschehen („der schüttelt die Pflaumen").
Das Geschehen kann eine Tätigkeit, einen Vorgang oder einen Zustand be-schreiben (vgl. Kürschner 2003, S. 83). Etliche dieser Wörter, die im Kinderreim im Kontext mit anderen Wörtern eine Einheit bilden, merkt sich das Kind und lernt, mit den neuen Bezeichnungen neue Erscheinungen und deren Begriffe bzw. Bedeutungen in seiner Umwelt kennen, z. B.

- Huhn und Ei und Hühnernest oder
- die Wochentage oder
- die „Bewohner" des Baumes u. a.

Kinderreime geben in ihrer Spracheinheit zugleich Sprachmuster vor, die, weil sie im Gedächtnis eingeprägt worden sind, das Kind in bestimmten Situatio-nen anwenden kann, wie das eingangs gewählte Beispiel vom „Wind" zeigt.

An Sprachmustern kann man sich für das eigene Sprechen und die Sprachnut-zung orientieren bis hinein in die korrekte Nutzung der grammatischen und syntaktischen Formen unserer Sprache, wie in diesem Buch an ausgewählten Beispielen aufgezeigt wird.
Die Nutzer dieses Buches werden in den Reimen und Gedichten selbst weitere Sprachphänomene entdecken.

Gereimtes gibt Lebensregeln weiter

Kinderreime konnte und kann man als Erziehungsregeln verstanden wissen. Sie zeigen auf, was allgemeinmenschlich sich über Jahrhunderte bis in die Gegenwart hinein an alltäglichen Verhaltensweisen und Werten und auch, was sich neu für das Leben des Kindes herausgebildet hat.

Solche Regeln erfassen, was das Kind essen soll bzw. will oder nicht, wie es seine kleinen Schmerzen aushalten kann, was es in seiner Welt zu entdecken gibt und wie es damit umgehen sollte.

Für das Essen und Trinken gibt es im Buch Reime, wie z.B.

Sauerkraut und Dill, Dill, Dill
kocht meine Mutter vill, vill, vill.
Wer das Sauerkraut nicht will,
kriegt auch keinen Dill, Dill, Dill.*

Ist ein Kind hingefallen oder hat es sich gestoßen, dann kann ein Spruch darüber hinweghelfen, den Schmerz lindern, wenn der Erwachsene tröstend sagt:

Heile, heile Kätzchen,
das Kätzchen hat ein Tätzchen
und einen langen Schwanz –
morgen ist alles wieder ganz.*

Kinderreime, Verse und Sprüche sind bis in das 19. Jh. hinein nur mündlich, d.h. über Vorsprechen und Zuhören und Mitsprechen, Vorsprechen und Nachsprechen weitergegeben worden und dadurch erhalten geblieben.

Das führte dazu, dass sie sich über die Zeiten hinweg in einzelnen sprachlichen Wendungen veränderten und z.B. Sprachformen aus der Mundart aufnahmen (Krautsalätle, S. 83) oder die Sprecher den Inhalt leicht abwandelten. Ein schönes Beispiel für Letzteres bietet der Reim „Backe, backe, Kuchen". Beliebt ist hier eine Erweiterung nach dem letzten Vers, wenn manche sagen: „Schieb, schieb in Ofen 'nein".

Im Umgang mit den Reimen in diesem Buch darf man auch die eigenen Variationen aus Kindertagen mit nutzen.

Achim von Arnim und Clemens Brentano fügten die von ihnen und durch andere gesammelten „Alte(n) deutsche(n) Lieder" (darunter Kinderlieder und -verse) 1805 in einem Buch zusammen, das sie „Des Knaben Wunderhorn" (1974) nannten – Reime für Mädchen sind auch darunter.
Bis in die Gegenwart hinein werden immer wieder neue Kinderreime erfunden oder die alten Reime aktualisiert, wie das in verschiedenen Bilderbüchern zu entdecken ist.

Bekannte Autoren aus der Vergangenheit und Gegenwart griffen und greifen Kinderreime auf, wandelten und wandeln sie um, wie sich in der Textsammlung zeigt, um den Kindern mit den vertrauten Mustern neue Sachverhalte, neue Lebenserfahrungen nahe zu bringen.
Ein besonders anschauliches Beispiel, alte Muster mit neuen Inhalten zu füllen und die Kinder zum Nachdenken anzuregen, bietet Benno Pludra mit seinem Gedicht:

Enne-menne Tintenfaß

Enne menne Tintenfass,
komm herein und frag mich was.
Frag mich nach der guten Fee,
seh sie fahren durch den Schnee.
Frag mich nach dem Tannenbaum,
träum darin den Kindertraum:
Sterne funkeln überm Dach
zugefroren ist der Bach.
Aus dem Schornstein weißer Rauch:
Ofen wärme uns den Bauch!
(S. 87 in diesem Buch)

Pludra verwandte für sein Gedicht die Eingangsformel aus einem bekannten Abzählreim (unbekannter Verfasser), der so beginnt: „Ene, mene, Tintenfass..." Diesen Eingangsvers verändert er leicht, indem er die Konsonanten verdoppelt. Bei Pludra heißt es: „Enne, menne, Tintenfass..."

Reime mit dieser oder ähnlicher Eingangsformel sind bis in die Gegenwart hinein sowohl mündlich als auch schriftlich immer wieder genutzt und inhaltlich variiert worden, wie z. B. in den nachfolgenden Reimen:

Ene, mene, Tintenfass,
geh zur Schul
und lerne was!
Hast gelernt du,
komm nach Haus:
Eins, zwei, drei,
und du bist raus!
(Ilse Bilse. 1968, S. 125)

Oder:

Ene, mene, miste
es rappelt in der Kiste.
Ene, mene meck.
und du bist weg. *
(S. 68 in diesem Buch)

Diese im Kinderreim vertraute Eingangsformel ist sehr alt. Sie zeigt eine Verwandtschaft zu dem Spruch: „Mene mene tegel ufarsin" (aramäisch). Gemeint ist damit das „Menetekel", verkürzt erläutert, eine geheimnisvolle Warnung (großartig in Heinrich Heines Gedicht „Belsazar" umgesetzt, wenn die Flammenschrift an der Wand nicht gedeutet werden kann).

Vielleicht ist diese Formel so lange und so oft, wenn auch in der Bedeutung „herabgesunken", im Reim lebendig geblieben, weil sie etwas Geheimnisvolles andeutet. Vielleicht auch, weil sie einen interessanten Sprachgestus hat, der zum Sprechen ermuntert, wenn es heißt: Ene, mene ...

Pludra knüpft an das den Kindern Vertraute an (die Eingangsformel, der Sprechgestus). Er geht aber thematisch über den Inhalt der Abzählreime hinaus. Aus dem Abzählreim wird ein Erzählgedicht.
Dazu setzt der Autor einen Ich- Erzähler ein, der den Zuhörer auffordert, zu ihm „hereinzukommen", was auch heißen kann, in das Gedicht hinein zu gehen, es danach zu „fragen", was es mit, dem Zuhörer, erzählen will.
Der Einladung folgen, das heißt, den Erzähler im Gedicht nach der geheimnisvollen „guten Fee" zu fragen. Damit öffnet Pludra einen Vorstellungsraum für die Zuhörer, der sie zu Märchen, wie Dornröschen", zu „Feen" in Bilderbüchern oder zu Filmen und Merchandising-Artikeln führt.

Die zweite Aufforderung im Gedicht, „Frag mich nach dem Tannenbaum", will, dass der Zuhörer dem „Kindertraum" des Erzählers folgt („Sterne funkeln …"). Damit ruft der Autor zugleich die Vorstellungbilder der Kinder ab, regt diese an, von eigenen Erfahrungen zur Weihnachtszeit zu erzählen.

Frederik Vahle, Liedermacher und Sänger, erinnert in einem Gedicht an die alten und schönen Gedanken der „Schlaflieder", die vom Mond, den Sternen, den schlafenden Blümelein u. Ä. sprechen und singen.
In seinem Gedicht *Das Abendwolkenschaf* (1994, S. 52) heißt es:

Das Abendwolkenschaf
schaut weithin übers Land.
Es lockt den Abend an
vom letzten Himmelsrand.

Das Abendwolkenschaf
steht oben auf dem Deich.
Wenn es nach Hause geht,
dann dunkelt es sogleich.

Das Abendwolkenschaf,
weiß niemand, wo es wohnt,
doch wenn es geht, erscheint
der gute, stille Mond.
(S. 113 in diesem Buch)

Das Gedicht verbindet bekannte Vorstellungsbilder der Kinder, wie die Wolken („Wolkenschaf") und den „guten stillen Mond", mit neuen Gedanken, die zu genauer Beobachtung anregen sollen, wenn vom „Himmelsrand" die Rede ist oder vom „Deich". Das sind Widerhaken, die einen Bezug zur Realität der Kinder haben und sie ermuntern, sich z. B. zum „Himmelsrand" (dem Horizont) zu äußern. Auch der Begriff vom „Deich" ist den Kindern vertraut, die schon einmal am Meer, vielleicht an einem See oder an einem Fluss waren oder dort bzw. an Flüssen wohnen.

Vahle verbindet in dem Gedicht Realistisches und Fantastisches. Man weiß nicht genau, wer oder was das „Abendwolkenschaf" sein soll und niemand weiß, wo es wohnt.

So gibt Vahle Raum für das Nachdenken über sein Gedicht. Die Überlegungen, wo das Abendwolkenschaf wohnen könnte, die kann man

- sprachlich formulieren,
- malen, zeichnen oder
- als Performance gestalten.

Über die Ergebnisse wird die Kommunikation angeregt, denn das Kind möchte erklären, was es gemalt hat und warum es diese Wohnung für das Abendwolkenschaf sein soll und keine andere.

Betrachtet man die vorliegende Textauswahl für die jüngste, mittlere und älteste Gruppe, dann birgt die Auswahl auch verschiedene **Lebens- bzw. Verhaltensregeln** in sich (vgl. Kapitel „Zum nützlichen Gebrauch des Buches"). So finden sich Tischsprüche für den Beginn einer gemeinsamen Mahlzeit oder Lieder zum Einschlafen.

Daneben machen Reime deutlich, dass es nichts bringt, wenn man mürrisch ist wie das „Miesekätzchen Miese". Vielmehr fordern die Tanz- und Reigenspiele dazu auf, sich auf den anderen einzulassen (das muss das Kind auch erst lernen) und miteinander zu tanzen und zu spielen.
Das alles entdeckt das Kind mittels der Reime, die in einer entsprechenden Situation eingesetzt werden und ohne erhobenen Zeigefinger Verhaltensregeln vorgeben oder in Frage stellen.
Die vorliegende Auswahl bietet **eine weite Sicht auf die Welt der Kinder** in der frühen Phase ihrer Kindheit.

Die Kinderreime und Gedichte erzählen

- von Jahreszeiten mit ihren festlichen Höhepunkten,
  wie Weihnachten und Ostern,
- von Pflanzen der heimischen Flora,
- von Themen, die die Kinder unmittelbar berühren, wie Freude,
  Schmerz, die Angst vor der Dunkelheit usw.,
- von verschiedenen Tieren und
- von Himmelssachen u. a.

Die Themenbereiche, zu denen Reime und Gedichte ausgewählt wurden, können auch als Projekte im Kindergarten genutzt werden.

> In der Textauswahl liegt ein Kosmos der Welt im Kleinen, aber nicht als Kleinigkeit, sondern in einem Anspruch, wie ihn das Kind auf dieser Stufe bewältigen kann und das auch möchte und wie es von den Eltern von der Erziehung in der Kita erwartet wird.

Vom „Reimlexikon" im Gehirn

Die häufig von Erzieherinnen und Eltern gemachte Beobachtung, wie ertragreich für die Sprachentwicklung und das Denken des Kindes der frühe Umgang mit Reimen und Gedichten ist, die liegt nun, empirisch und literarisch untersucht, als fundierte Bestätigung in dem Buch von Raoul Schrott und Arthur Jacobs *Gehirn und Gedicht* (2011) vor.
Eines ihrer Ergebnisse lautet:

> Das Gedicht „führt verdichtete Komplexitäten vor, mit denen das Gehirn die Welt um uns verarbeitet. Ob Denken oder Sprache, Melodiken oder Bilder: was sich sonst im Film und der Musik, in der Logik oder Mathematik akzentuiert findet, wird von einem Gedicht auf überschaubare Weise vereint" (Schrott / Jacobs 2011, S. 8).

Die im genannten Buch herausgearbeitete Verbindung von Denken und Sprache, Melodik und Bild als überschaubare Vereinigung im Gedicht trifft in spezieller Art und Weise auch auf den Kinderreim und natürlich auf das Kindergedicht zu.

> Zugespitzt gesagt: Man kann kein besseres Werkzeug als den Kinderreim und das Kindergedicht für die Ausbildung von Denken und Sprache in der frühen Kindheit finden. (Vgl. auch Krüss 1969; Schulz 2012)

Als wichtige Regel bei der Vermittlung von Kinderreim und Gedicht fanden die Forscher heraus, dass sich

> „Unbekanntes stets nur durch den Vergleich mit Bekanntem erschließen" lässt (Schrott / Jakobs 2011, S. 9).

Am Beispiel des Verses „Alle meine Entchen" wird gezeigt, wie Neues auf der Basis von Vertrautem vermittelt werden kann.

Alle meine Entchen
schwimmen auf dem See,
Köpfchen in das Wasser,
*Schwänzchen in die Höh'.**

Wenn die Kinder diesen Reim hören (gesprochen oder gesungen) und ihn selbst nachsprechen oder singen, dann beginnt ein Nach-Denken über das Gehörte. Zunächst wird das Vertraute erinnert, also das, was das Bild von den Entchen im See für das Kind ausmacht: Eigene Beobachtungen am Wasser, der Besuch an einem Ententeich, Bilder mit Enten auf dem See u.Ä. Aber: Manche haben die Schwänzchen noch nicht gesehen, weil die Enten zu weit vom Ufer entfernt waren. Das kann anhand von Abbildungen oder bei einem gemeinsamen Besuch am See nachgeholt werden mit der Aufforderung, sich die Entchen genau anzusehen.

Beim wiederholten Nachsprechen und Mitsingen des Reimes öffnen sich auch die Bilder des Kinderreims, die für die Kinder neu sind, wie z.B. der Blick auf das „Schwänzchen" und was es heißen kann, dass es „alle meine Entchen" sind. Die **Wahrnehmung** der Kinder wird in Gang gesetzt, ihre Vorstellung angeregt und mit den neuen Bildern zugleich erweitert.

Neben dem Inhalt, den die Reime und Gedichte vermitteln, ist es auch ihr Formenreichtum, z.B. Reimformen, der zu den Komplexitäten gehört, „mit denen das Gehirn die Welt um uns verarbeitet."

Die nachfolgend als Beispiele aufgeführten **Reimschemata** sind, „mathematisch" gesehen, korrekt und entwickeln diesbezüglich Denk- und Sprachmuster.

 Beispiele für Reimschemata im Kinderreim

1. Paarreim: aa bb
(vgl. die Unterstreichungen und Kursivierungen)

Wo tut's <u>weh</u>?
Hol ein bisschen <u>Schnee</u>,
hol ein bisschen kühlen *Wind*,
dann vergeht es ganz *geschwind!*

2. Kreuzreim: ab ab
(vgl. Unterstreichungen und Kursivierungen)

Schlaf, mein kleines <u>Mäuschen</u>,
schlaf bis morgen *früh*,
bis der Hahn im <u>Häuschen</u>
ruft sein *Kikeriki*.

3. Umschlungener Reim: ab ba
(vgl. Unterstreichungen und Kursivierungen)
Der bekannte Kinderreim „ABC – Die Katze lief in Schnee"
lebt von einem sogenannten umschlungenen Reim:

ABC – die Katze lief in <u>Schnee</u>.
Und als sie wieder raus*kam*,
da hatt sie weiße Stiefel *an*.
O weh, o <u>weh</u>!

Was wir im Kopf haben, so Schrott / Jacobs, ist

> „eine spezielle Art von **Reimlexikon**: es ruft zuerst all die Worte wach, die an eine bestimmte Lautfigur anklingen, bis dasjenige selektiert ist, das sich mit ihr genau deckt. Erst darüber erhalten wir Zugriff auf das Konzept, das wir mit einem Wort verbinden, auf die damit verknüpften Assoziationen – und nicht zuletzt auf die nötige Motorik, um das Wort artikulieren zu können" (2011, S. 348).

Reim und Rhythmus spielen für das Sprechen und Nachsprechen der Kinderreime eine wichtige Rolle.
Das Reimwort liegt sozusagen auf der Zunge, es drängt heraus, denn der Reim löst die Spannung, lässt uns ausatmen, wenn das richtige Wort gefunden worden ist (vgl. das Beispiel „Wind" – „Kind").
Reimwörter suchen lassen ist ein probates Mittel, den Sprachschatz der Kinder zu erweitern, was am Reim „Alle meine Entchen" gezeigt werden kann:

Alle meine Entchen
schwimmen auf dem See
Köpfchen in das Wasser,
Schwänzchen in die… (Höh)

Interessant ist, dass das Reimwort „Höh" beim Sprechen sofort von den Kindern eingesetzt wird, obwohl es ein sogenannter „unechter" Reim (See-Höh) ist. Das stört die Kinder – und die Dichter, die es für das Sprechen schrieben – nicht.

 Man kann davon ausgehen, dass die Dichter wissen, was Kinder möchten, was sie brauchen und verstehen und auf welchen Sprachmustern der Kinder sie ihre Reime und Gedichte aufbauen können.

So benutzen die Dichter in ihren Reimen beispielsweise eine **charakteristische mündliche Formensprache.** Die ist auch jüngeren Kindern in den verschiedenen Varianten eigen. Nachfolgende Beispiele stehen stellvertretend für weitere, die anhand der verschiedenen Texte selbst entdeckt werden können.

Kinder verwenden beim Erzählen eines Erlebnisses z.B. Satzreihungen (parataktische Wendungen), die auf eine formelhafte Struktur hinweisen, wenn sie erzählen:

Und da waren wir im Zoo.
Und da waren die Wölfe.
Und da haben wir uns gefürchtet.
Und da sind wir heimgegangen.

Parataktisches findet sich auch im Kinderreim (Parataxe = Satzreihe, Satzreihung auch in der Wortfolge), wie z.B. im

Wiegenlied im Freien

Da oben auf dem Berge,
Da wehet der Wind,
Da sitzet Maria
Und wieget ihr Kind /...

Das „Wiegenlied im Freien" setzt gleichfalls auf Satzreihungen, wie das oben von einem Kind Erzählte. Es hat in der Form einen wiederholenden Satzanfang, beginnend mit „Da ..." und einen sich wiederholenden Satzbau (deutlich ab Verszeile zwei). Seine einzigartige literarische Schönheit gewinnt der Kinderreim durch die ab Verszeile zwei wechselnden Verben: „wehet / sitzet / wieget".

Was für ein Zugewinn für die Sprache des Kindes und für seine poetische Entdeckung, wenn es auf dem vertrauten Muster dem Neuen in Form der verschiedenen Verben begegnet.

Wortwiederholungen sind ein beliebtes Mittel bei jüngeren Kindern, um z.B. etwas Wichtiges zum Ausdruck zu bringen, wenn das Kind erzählt:
„Und da fuhr das Auto ganz, ganz, ganz schnell und noch schneller."

Wortwiederholungen finden sich in verschiedenen Kinderreimen.
Mit der Wiederholung wird semantisch Bedeutsames verstärkt, wie sich an folgenden Reimen zeigen lässt:

Schlaf, Kindlein, schlaf

Es regnet, es regnet, / der Kuckuck wird nass

Hopp, hopp, hopp, / Pferdchen, lauf Galopp

Heile, heile, Kätzchen

Die Wortwiederholung verstärkt einerseits inhaltlich die Bedeutung dessen, was dem Kind gesagt werden soll, wenn es z.B. Zeit zum Schlafen ist: „Schlaf, Kindlein, schlaf". Verbunden damit ist andererseits zugleich eine rhythmische Anreicherung des Kinderreims, der einmal die Ruhe des Schlafes, ein anderes Mal die Dauer des Regens und den Galopp des Pferdchens u. Ä. verdeutlicht.

In der Unterhaltung zwischen Kindern und auch zwischen Kind und Erwachsenen werden häufig elidierte Wortformen genutzt, wenn das Kind z.B. sagt:
„Meine Mama und ich, wir müss'n schnell weg."

Elidierte Wortformen begegnen dem Kind in vielen Kinderreimen (Elisionen, d.h. unbetonte Silben, haben sich verflüchtigt – vgl. Kürschner 2003, S.52 f) Die Kinder sprechen die Reime ohne Probleme nach, weil die elidierte Form von interessanten Inhalten getragen wird und dem Kind vertraute Sprachformen aufnimmt:

Wo tut's (es) weh? / Trink ein Schlückchen Tee /
iss ein(en) Löffel Haferbrei / morgen ist es längst vorbei.*

Morgen woll'n wir Schlitten fahren

Der Schuster hat's Leder / Kein(en) Leisten dazu

Schlaf, Kindlein, schlaf / Der Vater hüt(et) die Schaf

In der Begegnung mit den Kinderreimen treffen die Kinder auf ihnen vertraute Sprachmuster.

Die Reime aber mit ihren vielfältigen lyrischen Formen ermöglichen zugleich eine Erweiterung des Sprachschatzes des Kindes und eine Entdeckung neuer Formen. Und jeder neue Vers bedeutet einen neuen Blick auf die Welt und in die Sprache. Auch daraus resultiert, dass Kinderreime eine Faszination für das Zuhören, Nachsprechen, Mitsprechen und Selber-Sprechen ausüben – und wir sie lange im Gedächtnis bewahren – denn Lyrik ist:

> „leicht memorierbar und extemporierbar, weil sie parallel in unterschiedlichen Modulen des Gehirns abgespeichert wird"
> (Schrott / Jacobs 2011, S. 347).

Da Lyrisches, darunter die Kinderreime und die Kindergedichte, unterschiedliche Module des Gehirns gleichzeitig beansprucht, bildet sie diese auch aus, was für die frühkindliche Entwicklung von außerordentlicher Bedeutung ist. Letztlich kommen Schrott / Jacobs zu der Ansicht, dass

> „Kinder, die früh Reime erkennen und produzieren können, [...] gute Chancen [haben], zu kompetenten Lesern zu werden" (ebd., S. 354).

Diese Kinder verfügen über einen erstaunlichen Wortschatz, können also bei der Hypothese-Bildung, einem wichtigen Aspekt des Leselernprozesses, auf ihren Wortreichtum zurückgreifen, aus ihm auswählen und entsprechend dem inhaltlich Vorauserwarteten das „richtige" Wort einsetzen, damit die „Lücke" im Text füllen.

Das mit bedenkend und im Ergebnis der dargelegten Erkenntnisse vermitteln vielfältig erlernte Reime und Gedichte im frühen Kindesalter ein entsprechend umfängliches Bild von der Welt. Vertrautes kann bei der Aneignung neuer Texte genutzt werden.

Die Kinder können das über Reime und Gedichte erworbene Wissen (über Pflanzen, Tiere, Wetter usw.) im Alltag einsetzen. Und die Kinder sind geübt, mit Poetischem umzugehen, hinter dem Gesagten / Geschriebenen das Gemeinte zu suchen, das „Fremde" anzusprechen und probehalber in vorgestellten Welten zu agieren.

Reime
und Gedichte
in der Kita

Vorschläge zum Umgang mit Reimen und Gedichten

Kinderreime „sind dazu da, gesprochen und ständig wiederholt zu werden ...
Die einfachen Dinge des Lebens – die Mutter, die Nahrung, die Freude,
den Schmerz – ... lernt das Kind zur gleichen Zeit erkennen und ergreifen.“
JAMES KRÜSS

Die vorliegende Auswahl an Kinderreimen und Gedichten für Kinder im Alter zwischen zwei und sechs Jahren bietet eine Vielfalt an Themen des Lebens an, denen Kinder in diesem Alter begegnen und die sie interessieren. Im Mittelpunkt stehen dabei die einfachen Dinge des Lebens, wie die Mutter, die Nahrung, die Freude, der Schmerz, das Spiel und die Welt um das Kind herum (vgl. Krüss 1969, S. 14).

Die Themengruppen in der Textauswahl sind in einer bestimmten Reihenfolge angeordnet, die **vom Nahen** ausgeht und den Erfahrungsbereich des Kindes **zum Entfernteren** erweitern möchte.
So begegnen dem Kind in der jüngsten Gruppe zuerst Reime vom „Essen und Trinken“ und Trostsprüche „Wenn es wehtut“, weil diese Lebenselemente dem Kind am nächsten sind. Dazu kommt die Entdeckung der Körperteile „Mit Händen und Füßen“ und Texte vom „Schlafen und Träumen“.

Diese Themenbereiche wiederholen sich für die nachfolgenden Altersgruppen und werden zugleich erweitert, in dem die Kinder „Natur erleben – Feste feiern“ können und von „Allerlei Tieren“ hören. Dazu entdecken sie etwas „Für Naseweise“, üben sich im Sprechen an „Zungenbrechern und Sprachspielen“, lernen die „Zahlen und das Zählen“ kennen und dürfen ihrem Bewegungsdrang bei „Tanzliedern und Reigenspielen“ nachkommen.

Mit Hilfe der Kinderreime und Gedichte entdeckt das Kind seine Welt, erwirbt es ein Wissen über verschiedene Dinge, die es sprachlich ausdrücken lernt.

Sprachentwicklung mittels Reimen und Gedichten spielerisch fördern, das bedeutet:

- Die Reime als freudvolle Begegnung an die Kinder herantragen, weil das Gesagte mit ihnen zu tun hat, etwas „erzählt", was man weitererzählen, worüber man sprechen möchte;
- das Sprechen der Reime entdecken lassen als von einem Ich und Du geprägt, in dem das Kind sich angesprochen weiß;
- eine Nähe zwischen dem Sprechenden und Zuhörenden / Mitsprechenden herstellen, in der das Kind sich geborgen fühlt, die es wieder erleben möchte, die es „gierig" auf neu zu Hörendes macht;
- das Gesprochene vergnüglich mit Handlungen verbinden, die nachgemacht werden dürfen und sollen;
- Dinge zeigen, die man entdecken, fühlen, berühren und benennen möchte und durch das gemeinsame Sprechen von Reimen den Klang und den Rhythmus verstärkt zur Geltung bringen und auch
- denjenigen beim Sprechen mitnehmen, der es noch nicht perfekt kann, es aber wie die anderen Kinder können möchte und auch auf diese Weise bestärkt wird, es zu versuchen.

Die vorliegende thematisch reiche **Auswahl an Kinderreimen und Gedichten** ist geprägt von unterschiedlichen lyrischen Formen, angefangen vom vier oder mehrzeiligen Kinderreim bis hin zu anspruchsvollen Gedichten der bereits genannten Dichter und weiteren, wie Paula Dehmel, Mascha Kaleko, James Krüss, Gerald Jatzek, Peter Hacks, Jörg Schubiger, Lutz Rathenow u. a.

Alle lyrischen Formen sind vor allem zum Hören, Sprechen und Singen in Verbindung mit Tanzen und Spielen geeignet (vgl. Vorschläge zu einzelnen Texten).

Die Tätigkeiten zur Aneignung der Texte können auch miteinander verbunden werden, um unterschiedliche Fähigkeiten der Kinder anzusprechen und auszubilden, wie:

- Zuhören, Sprechen und Singen der Kinderreime und der Gedichte,
- Sprechen und Klopfen oder Klatschen des Rhythmus',
- Singen und Tanzen, Sprechen und Gestalten, wie Malen, Kleben, Basteln,
- Sprechen und Ersetzen einzelner Elemente (z. B. Reimwörter) eines Reimes,
- Sprechen mit Einsatz von Mimik und Gestik und das szenische Spiel,
- Sprechen und Verkleiden als Spielfiguren und das Inszenieren,

- Gestalten der „Bühne" nach der eigenen Fantasie für das Vorspielen,
- Sprechen und Herausfinden von wichtigen Mitteilungen,
- Suchen, Finden und Bezeichnen von Begriffen,
- Sprechen und Vergleichen mit der eigenen Beobachtung und
- Zuhören und Vergleichen des Erfahrenen aus dem Text mit den realen Erscheinungen.

Das wiederholte Sprechen der Reime und Gedichte, auch einzelner Verse daraus, in gleichen und in unterschiedlichen Situationen, ist ein wichtiges didaktisches Element im Umgang mit den ausgewählten Texten, weil es das Einprägen erleichtert und damit Sprachmuster anbietet (wie oben ausgeführt), die das Kind nutzen kann, wie sich am eingangs genannten Beispiel „Der Wind, der Wind" zeigte (vgl. dazu auch Einzelvorschläge zu Kinderreimen und Gedichten in diesem Buch).

Mithilfe der unterschiedlichen und vielfältigen Themen der Kinderreime und Sprüche und ihrer einprägsamen lyrischen Formen erobert sich das Kind die dargestellte Welt: Wald, Wiese, Blumen, Ostern, Weihnachten, Geburtstag, Trauer über einen Schmerz, Freude am Spiel, Mond und Sterne, Blumen, Wettererscheinungen usw. Darin enthalten ist eine Weltsicht, die Freude am Leben, am Zusammenleben in der Gemeinschaft vermittelt (vgl. Tanzlieder und Reigenspiele) und die Schwierigkeiten meistern hilft.

Das Zuhören, Nachsprechen, Mitsprechen und auf diese Weise das auswendig Sprechen von Kinderreimen und -gedichten sind ein Weg der Kinder in die Sprachwelt, der relativ leicht zu gehen ist, weil der **Rhythmus der Verse** (beschwingt oder beruhigend), **die Sprachmelodie** (eingängig oder aufmunternd), **der Reim** (Lösen der Spannung, Klingen der Reimwörter) von den Kindern ganzkörperlich aufgenommen werden kann und dem Einprägen dient.

Der nachfolgende Kinderreim zeigt, wie der Rhythmus das „Spiel" vorantreibt und wie das Kind darauf reagiert:

Hoppe, hoppe Reiter,
wenn er fällt,
dann schreit er.
Fällt er in den Sumpf,
macht der Reiter plumps!*

Dieser Kinderreim, ein sogenannter Kniereitervers, rhythmisch gesprochen, wird zu einer theatralischen Aktion zwischen dem Spieler (dem Erwachsenen) und dem Mitspieler (dem Kind).

Der Rhythmus gibt den Ablauf des Geschehens vor: Das Kind erwartet voller Freude den Höhepunkt des obigen Kinderreims, wenn es fallen gelassen, aber im letzten Moment aufgefangen wird.

Das Kind lässt sich auf das Spiel ein, es spielt mit, freut sich, kreischt, lacht. Es hat das Spiel im Spiel verstanden, seine Fantasie ist angeregt, sein Geist macht „erste Flugversuche" (Krüss 1969, S.11), denn es denkt mit dem Sprechenden mit, wartet auf das erlösende Wort „plumps", das mit einer Aktion endet.

Zu anderen Versen kann man rhythmisch klatschen, wie z.B. zu „Backe, backe Kuchen", wobei das semantisch Bedeutsame, das Wort „Backe", durch die Wortwiederholung hervorgehoben wird. Das verstärkt den Eindruck des Verses und verdeutlicht dem Kind zugleich, was im Text wichtig ist.

Zum Rhythmus gesellt sich in den ausgewählten Texten **der Reim.** Hier gebraucht im engeren Sinn als Gleichklang zweier oder mehrerer Wörter vom letzten vollbetonten Vokal an (vgl. „Wind" – „Kind").

Die Reimmuster der Kinderreime und Gedichte (die reimlosen Gedichte ausgenommen) bewegen sich vorrangig auf der Ebene der volksliedhaften Reimformen:

a, b, a, b / a, a, b, b / a, b, b, a
(vgl. Beispiele vorn).

Reimwörter helfen dem Kind, sich das Gesagte einzuprägen. Und sie tragen zum „Reimlexikon" im Gehirn bei, wie Schrott / Jacobs (2011) belegen können.

Kinder mit einem reichen Sprachschatz setzen mitunter von sich aus Reimwörter selbst ein, manchmal auch andere.

Das ist eine erstaunliche Leistung des Kindes und kein Fehler.

Dennoch sollte der Erwachsene behutsam darauf reagieren und das eigentliche Reimwort nennen oder einfordern. Aber Verse mit Neubildungen dürfen auch so bleiben und auf diese Weise gesprochen werden. Das bestärkt das Kind in seinen kognitiven Fähigkeiten und es verstärkt die Ich-Findung.

Die Sorge, verschiedene Verse wie z.B. „Backe, backe Kuchen", würden die Kinder bereits kennen und langweilig finden, die ist unbegründet, denn:

- Wiedererkennen von bereits Bekanntem in einer neuen Situation gehört zum genussvollen Lernen,
- Wiedererkennen verstärkt den Sprachlern-, sprich Behaltenseffekt,
- Wiedererkennen weist Kennerschaft aus, was Ich-bestärkend wirkt und
- motiviert zugleich die anderen Kinder, es auch kennen lernen zu wollen.

Die Wiederholung in den Versen selbst, wie in „Backe, backe Kuchen" oder „Hoppe, hoppe, Reiter" oder „Heile, heile Kätzchen" ist ein Prinzip des Kinderreims wie der Lyrik insgesamt.
Goethe greift dieses Element in Gedichten, wie z.B. dem „Heidenröslein" auf, wenn es dort heißt:

„Röslein, Röslein, Röslein rot, / Röslein auf der Heiden"
(Gedichte 1999, S. 78).

Die Wortwiederholungen rhythmisieren einerseits den Kinderreim, sorgen aber auch dafür, dass semantisch Bedeutsames durch die Wiederholung verstärkt wird (wie oben bereits ausgeführt), wenn das „Heile, heile …", mehrfach wiederholt, gleich einer Beschwörungsformel deutlich macht, was der Vers soll: über den Schmerz hinweghelfen.

Für die Sprach- und Sprechanfänger ist das ein günstiger Weg, sich diese Wörter einzuprägen und selbst mit- und nachzusprechen.
Jeder der angebotenen Kinderreime, die Gedichte eingeschlossen, so „klein" sie auch seien, sie sind etwas Besonderes, Einmaliges:

- aus Sprache gebildet,
- fantasievoll in eine Form gebracht und
- mit einer verdichteten Aussage über die Welt,
  die das Kind umgibt, versehen.

Jedem Kinderreim, jedem Gedicht liegt ein bestimmter Sprachgestus zugrunde, der beim Sprechen mit den Kindern herausgearbeitet werden kann, auch sollte.

Der **Gestus oder das Gestische** wurde von Brecht theoretisch in seiner Gedichte-Werkstatt, vor allem aber aus seiner Arbeit als Stückeschreiber und Regisseur für das Theater entwickelt (hier stark verkürzt wiedergegeben). Brecht schlug vor, das Sprechen mit gewissen körperlichen Bewegungen zu verbinden, die zu einem Text passen, wie z.B.

- Höflichkeit,
- Zorn,
- Spotten,
- Warnen oder
- Furcht bekommen (vgl. GBA 18, 1995, S. 79).

Zum gestischen Bereich gehören bei Brecht auch „Körperhaltung, Tonfall und Gesichtsausdruck" (GBA 23, 1993, S. 89).

Für kleine Kinder sind diese genannten Aspekte häufig ein natürlicher Vorgang, weil sie ihre Aussagen fast immer mit Gesten, über ihre Körperhaltung und mit ihrer Stimme, oft lautstark oder weinerlich, unterstreichen oder statt noch nicht vorhandener Wörter Gestisches einsetzen. So fallen Brechts Ideen bei den Kindern auf fruchtbaren Boden, wie das folgende Beispiel zeigen möchte:

Liebe, liebe Sonne,
komm ein Weilchen runter.
Lass den Regen oben,
dann wollen wir dich loben.
Einer schließt den Himmel auf,
*kommt die liebe Sonn heraus.**
(S. 42 in diesem Buch)

Der Reim lebt von Gesten, von Körperhaltungen, die das Sprechen unterstützen, denn die Sonne soll gelockt werden, wieder zu scheinen.
Im Reim heißt es „... komm ein Weilchen runter". Das erfordert eine Geste des Herunterlockens der Sonne. Sie soll von oben (hinaufschauen) nach unten, zu uns, zu den Kindern kommen (mit dem Arm oder den Fingern das Locken verdeutlichen). Der Regen aber soll oben bleiben. Die Blickrichtungen wechseln von unten nach oben und wieder zurück. Das kann man beim Sprechen zeigen.

Ist es vollbracht (ist die Sonne „ein Weilchen runter" gekommen), dann „wollen wir dich (Sonne) loben." Das Loben ist eine noble Geste, die nuanciert ausprobiert werden darf. Dass „einer" den „Himmel" aufschließt und sofort „die liebe Sonne" heraus kommt, das ist die hinter dem Reim steckende Sehnsucht nach Licht und Wärme.
Es bereitet den Kindern Spaß, dieses Aufschließen gestisch zu demonstrieren.

In diesem Reim stecken folgende Möglichkeiten der gestischen Gestaltung:

- herunter locken,
- loben,
- den Himmel aufschließen
- und das Herauskommen der Sonne.

Die Gesten zeigen, dass man über sie beim Sprechen des Textes zu einer Inszenierung des Reimes gelangen kann. Auch szenisches Sprechen darf probiert werden: Wie kann man über die Intonation der Stimme die Sonne am besten herauslocken? Laut oder leise, sanft oder zärtlich, fordernd oder zornig den Vers sprechend?

Ein solches gestisches Vorgehen, ein szenisches Sprechen bis hin zum Inszenieren von Reimen und Gedichten, das ist auf andere Kinderreime und Gedichte dieser Auswahl übertragbar. Beispiele dazu finden sich auch in den Vorschlägen, die unter einzelnen Texten stehen.

Zum nützlichen Gebrauch des Buches

Das vorliegende Buch besteht aus zwei Teilen, den theoretisch-didaktischen Überlegungen zur Förderung der Sprachkompetenz und der Textsammlung (mit Vorschlägen zum Umgang mit einzelnen Reimen und Gedichten).
Beide Teile bilden eine Einheit, aber auch jedes seiner Teile kann einzeln betrachtet und genutzt werden.

Im Zentrum des theoretisch-didaktischen Teils des Buches zur Förderung der Sprachkompetenz steht die Bedeutung des Kinderreims für die Sprech- und Sprachbildung in Verbindung mit der Entwicklung des Denkens der Kinder in der frühen Kindheit. Dieser Ansatz wird aktuell durch eine Reihe von

Analysen bestätigt und auch von den Dichtern selbst bestärkt. James Krüss weist nachdrücklich auf den Reichtum der sogenannten *Ammenreime* hin, indem er deren Möglichkeiten für das Kind, wie bereits erwähnt, als „Vorversuche der Phantasie", erste „Flugversuche" des „kindlichen Geistes" wertet und das Literarische in diesen Reimen besonders hervorhebt (1969, S.11).

Eng mit dem Spracherwerb verbunden und nicht davon zu trennen sind die Inhalte der Kinderreime und Gedichte, weil Sprache und Denken, Sprechen und darüber Nachdenken eine Einheit bilden.

Die Kinderreime und Gedichte präsentieren die Welt des Kindes in der frühen Kindheit. Sie sprechen von der Natur, dem Verhalten der Menschen untereinander, von Lebensregeln, von Festen und von Feiern, von Spiel und Spaß und Nonsens, von allem, was in diesem Alter eine Rolle spielen sollte.

Deshalb ist anzuregen, die Reime in den alltäglichen Ablauf in der Kita sowie im Elternhaus einzubinden. Dabei sollten die Kinderreime und Gedichte auch für bestimmte Anlässe, wie Feste und Feiern, oder zur Arbeit an thematischen Projekten (vgl. einzelne Vorschläge der Auswahl) eingesetzt werden. In die Berichte an die Eltern über Ergebnisse der Arbeit mit den Kindern, die in verschiedenen Einrichtungen monatlich oder wöchentlich zum Standard gehören, kann man die mit den Kindern gelernten Reime einfügen.

Indem die Reime auch im Elternhaus in entsprechenden Situationen genutzt werden, erlebt das Kind, dass Gereimtes zum alltäglichen Leben gehören kann. Kinder werden über solche vielfältigen Wege selbst das Reimen probieren bzw. Reime für Situationen im Alltag nutzen (vgl. Beispiele vorn). Auf diese Weise entwickelt sich Sprachkompetenz und Kreativität des Kindes, erfährt es Ich-Bestärkung und entdeckt, wie fantasiereich die Welt betrachtet werden kann.

Diesem Ansatz folgen auch die Vorschläge, die unter einzelnen Texten stehen und die, entsprechend dem Text, den Kindern und der Situation angemessen, für andere Reime und Gedichte selbst entwickelt werden können.

Kinderreime, Gedichte, Sprachspiele, Tanz- und Reigenlieder sollte die Erzieherin den Kindern vorsprechen, immer wieder vorsprechen und das Sprechen gestisch, mimisch, in unterschiedlichem Tonfall unterstützen (laut oder leise, sanft oder wütend sprechen).

Reime und Gedichte kann man auch vorsingen, rhythmisch mit Instrumenten begleiten, als Inszenierung gestalten, eine Tonaufnahme abspielen oder selbst aufnehmen usw. (vgl. die Vorschläge unter einzelnen Reimen und Gedichten).

Dabei ist anzustreben, dass die Kinder mit zunehmendem Alter einzelne Kinderreime und Gedichte auswendig sprechen und in bestimmten Situationen anwenden können. Mit Reimen können die Kinder

- zum Spielen auffordern,
- ein Fest eröffnen,
- das Mittagessen (Tischspruch) beginnen,
- eine Geschichte erzählen,
- auf die eigenen Sorgen wie auf Freude, auch die der anderen eingehen usw.

Die Kinder werden durch das Vorsprechen der Erzieherin ermuntert, beim Sprechen Hände, Füße, den Körper, Mimik und Gestik einzusetzen und damit auszudrücken, was sie fühlen und denken.

Sie erfahren, wie ihre Sprech- und Sprachfähigkeit wächst, wenn sie

- genau zuhören, nachsprechen und mitsprechen,
- selber den Kinderreim auswendig sprechen,
- singen und tanzen,
- gestalten und inszenieren.

Der Umgang mit Kinderreimen wird verbunden mit anderen gestaltenden Tätigkeiten, die die Kreativität der Kinder ausbilden helfen.

Zu Reimen und Gedichten können die Kinder

- zeichnen oder mit Farben malen,
- eine Collage gemeinsam gestalten,
- Melodien finden,
- Musik auswählen,
- Tänze entwickeln,
- inszenieren und
- die Inszenierungen auf Festen vor den Eltern, vor älteren Leuten, in der Schule, zur Einschulung usw. vorführen.

Die Textauswahl umfasst den Alltag der Kinder und ist für **drei Altersgruppen** ausgewählt worden:

- für die jüngste Gruppe (2–3 Jahre),
- für die mittlere Gruppe (4–5 Jahre) und
- für die älteste Gruppe (5–6 Jahre).

Eine Anzahl Kinderreime wurde von Dichtern geschrieben, deren Namen uns nicht überliefert, deren Texte aber literarisch bedeutsam sind. Man denke an den Reim „Da oben auf dem Berge / Da wehet der Wind / Da sitzet Maria / Und wieget ihr Kind ..." (S. 52 in diesem Buch). Von diesem Reim wurde vorn bereits seine Bedeutung für das Aufgreifen von Sprachmustern der Kinder beschrieben.

James Krüss zeigt auf, wie man sich Reime erschließen könnte. Den genannten, den

> „lese man langsam und laut, und man wird entdecken, dass es groß gesehen und mit dem Zauberstab der Sprache groß beschworen ist" (Krüss 1969, S. 11).

Die **Gedichte** in dieser Auswahl stammen von bekannten Autoren.
Sie gehören mit ihren Texten vergangener und gegenwärtiger literarischer Epochen an.
Alle Kinderreime und Gedichte wurden unter dem Aspekt ausgewählt und zusammengestellt, dem Kind zu ermöglichen, unterschiedliche Erfahrungen, Welterfahrungen vorstellungsweise mittels verschiedener Inhalte in unterschiedlichen Sprach- und Reimformen zu sammeln.

Die **Auswahlprinzipien,** sowohl für die **Themengruppen** als auch für die **Inhalte** der Kinderreime, folgen der **Altersspezifik.** So beginnt das Textangebot mit einfachen Formen und Inhalten in der jüngsten Gruppe und wird bis zur ältesten Gruppe hin schwieriger sowohl von den Themen her (z. B. Natur erleben – Feste feiern; Von Zahlen und vom Zählen; Zungenbrecher und Sprachspiele usw.) als auch vom Umfang und vom gestalterischen Anspruch der Gedichte an die Sprech- und Sprachfähigkeit der Kinder.

Das Angebot an Reimen und Gedichten für die einzelnen Gruppen gibt der Erzieherin auch eine Art Rahmen vor **für die Ausbildung der Sprach- und Sprechfähigkeiten,** an dem sie sich orientieren kann.

Sie sollte aber – entsprechend dem Sprachniveau einer Gruppe oder einzelner Kinder – innerhalb des Angebots der Reime und Gedichte variieren, d. h. Texte aus der oberen Gruppe jüngeren Kindern anbieten wie umgekehrt.

Zu einzelnen Kinderreimen bzw. Gedichten gibt es **Vorschläge für den Umgang** damit. Der jeweilige Vorschlag zu einem Text setzt die in diesem Buch ausgeführten theoretisch-didaktischen Einsichten zu Reim und Gedicht, zu Sprache und Denken um und strebt eine Umsetzung an, die die Sprech-, die Sprach- und Denkentwicklung des Kindes altersangemessen ins Zentrum der Beschäftigung mit dem Reim, dem Gedicht setzt. Die Erzieherin kann die **Vorschläge direkt umsetzen,** aber auch **verändern** und **weiter ausgestalten.**

In den didaktischen Überlegungen wurde darauf geachtet, dass ein weites Feld der Annäherung an Gereimtes für das Kind möglich wird, wenn es z. B. neben dem wichtigen Impuls wiederholten unterschiedlichen Sprechens auch Vorschläge zum Zeichnen, zur Performance, zum Singen, zum Inszenieren, zur Gestaltung eines Projekts u. Ä. gibt. Vorgeschlagen werden auch moderne Formen der Wissensaneignung, wie das Nutzen des Internets. Einzelne Texte wurden für szenisches Sprechen zweimal aufgeschrieben, sodass die Rollenverteilung sichtbar wird (vgl. „Bärchen hat sich überfressen", S. 91 im Buch u. a.).

In den Vorschlägen zu einzelnen Texten wird zunehmend mit dem Alter der Kinder Wert darauf gelegt, **neben der Mündlichkeit** die Sprache auch in ihrer schriftlichen Form ebenso wie die Zahlen in der Umgebung des Kindes zu präsentieren (als Einzelwörter, Worte zu Bildern, Gedichte als Textganzes im Gruppenraum usw.). Auf diese Weise wachsen die Kinder in diejenige Sprachform hinein, in der eine moderne Gesellschaft auch kommuniziert, in die **geschriebene Sprache.**

Sammlung der Kinderreime und Gedichte

Reime für die Kinder der jüngsten Gruppe

Natur erleben – Feste feiern

Liebe, liebe Sonne,
komm ein Weilchen runter.
Lass den Regen oben,
dann wollen wir dich loben.
Einer schließt den Himmel auf,
kommt die liebe Sonn heraus.*

Ringel, rangel Rosen,
schöne Aprikosen,
Veilchen blau, Vergissmeinnicht,
alle Kinder setzen sich.
Kikeriki!*

Dies Eichen aus dem Hühnernest,
das schenk ich dir zum Osterfest.

Tra, ri, ra,
der Sommer, der ist da.
Komm mit mir in den Garten,
wolln auf den Sommer warten.
Ja, ja, ja,
der Sommer, der ist da.*

Ruprecht, Ruprecht, guter Gast,
hast du mir was mitgebracht?
Hast du was, dann setz dich nieder,
hast du nichts, dann geh nur wieder.*

Morgen woll'n wir Schlitten fahren,
morgen um halb neune
spann ich meine Schimmel ein,
fahr ich ganz alleine.
Ganz alleine fahr ich nit,
da nehm ich meine Gretel mit.

Essen und Trinken

Backe, backe Kuchen,
der Bäcker hat gerufen:
Wer will guten Kuchen machen,
der muss haben sieben Sachen.
Eier und Schmalz,
Zucker und Salz,
Milch und Mehl,
Safran macht den Kuchen gehl.*

Muh, muh, muh!
So ruft im Stall die Kuh.
Wir geben ihr das Futter,
sie gibt uns Milch und Butter.
Muh, muh, muh!
So ruft im Stall die Kuh.*

Das Sprechen der Reime durch Klatschen des Rhythmus' unterstützen,
auf Lautbildung achten: „Backe, backe Kuchen" / „Muh, muh, muh".

Tischsprüche

Alle unsre Kleinen
machen ein Geschrei,
strampeln mit den Beinen,
wollen ihren Brei.
Lirum, larum, Löffelstiel,
nur wer brav war, krieget viel.

In der Ecke sitzt 'ne Schnecke,
pfeift ein Lied.
Guten Appetit!*

Pittiplatsch, der liebe,
hat eine dicke Rübe,
hat einen dicken Bauch,
denn essen kann er auch!
Guten Appetit!*

In dem Wald, da steht ein Haus,
schaut ein Reh zum Fenster raus.
Kommt ein Häslein angerannt,
klopfet an die Wand:
„Hilfe, Hilfe, große Not!
Schenk mir doch ein Stückchen Brot."
„Liebes Häslein, komm herein,
sollst mein Gast jetzt sein!*

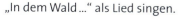

„In dem Wald …" als Lied singen.
Mit Gesten begleiten: Das Häslein ruft (benutzt dabei die Hände): „Hilfe, Hilfe …"
Der Sprechende sagt (mit der Geste des Einladens): „… sollst mein Gast jetzt sein."

Wenn es wehtut

Heile, heile Kätzchen,
das Kätzchen hat vier Tätzchen
und einen langen Schwanz –
morgen ist alles wieder ganz.*

Heile, heile, Segen,
drei Tage Regen,
drei Tage geht der Wind:
heile – heile, liebs Kind.

Heile, heile, Segen,
drei Tage Regen,
drei Tage Sonnenschein,
drei Tage Schnee,
tut's dem Kindchen nimmer weh!

Leis, leis, leis,
wir bilden einen Kreis.
Von dem Anfang bis zum Ende
reichen wir uns beide Hände
Und im Nu,
ist der Kreis dann zu.*

Häschen in der Grube
saß da und schlief.
Armes Häschen, bist du krank,
dass du nicht mehr hüpfen kannst?
Häschen hüpf! Häschen hüpf!*

Wo tut's weh?
Hol ein bisschen Schnee,
hol ein bisschen kühlen Wind,
dann vergeht es ganz geschwind!

Wo tut's weh?
Trink ein Schlückchen Tee,
iss ein Löffel Haferbrei,
morgen ist es längst vorbei!

Der Müller tut mahlen,
die Räder gehn rum,
mein Kind ist erzürnet,
weiß selbst nicht warum.

Die Kinder anregen, die Reime selbständig in Trost-Situationen (ein Kind muss
getröstet werden) oder im Rollenspiel (auch im Spiel mit der Puppe oder dem Plüsch-
tier) zu nutzen.

Mit Händen und Füßen

In unserem Häuschen
sind schrecklich viele Mäuschen.
Sie zippeln und zappeln,
sie trippeln und trappeln,
sie stehlen und naschen
und will man sie haschen –
husch, sind sie alle weg!*

Alle meine Entchen
schwimmen auf dem See,
Köpfchen in das Wasser,
Schwänzchen in die Höh'.*

Der Sandmann ist da,
der Sandmann ist da,
er hat so schönen weißen Sand
und ist den Kindern wohlbekannt.
Der Sandmann ist da.*

Sprechen des Reims „In unserem Häuschen" und die genannten
Bewegungen nachahmen:
- die Hände „zippeln und zappeln",
- die Füße „trippeln und trappeln",
- sie recken und strecken sich, „stehlen und naschen"
- und laufen aus dem Kreis und „husch, sind sie alle weg".

Da kommt die Maus,
da kommt die Maus.
Klingelingeling!
Ist der Herr zu Haus?*

Hopp, hopp, hopp,
Pferdchen, lauf Galopp.
Über Stock und über Steine,
aber brich dir nicht die Beine!
Hopp, hopp, hopp, hopp, hopp,
Pferdchen, lauf Galopp.*

Hopp, hopp, ho!
Das Pferdchen frisst kein Stroh,
musst dem Pferdchen Hafer kaufen,
dass es kann im Trabe laufen.
Hopp, hopp, ho,
Pferdchen frisst kein Stroh.

Fühlspiel und Kniereiterverse mit den Kindern sprechen und spielen.

Zehn kleine Zappelmänner

Zehn kleine Zappelmänner
zappeln hin und her.
Zehn kleine Zappelmänner
finden's gar nicht schwer.
Zehn kleine Zappelmänner
zappeln auf und nieder.
Zehn kleine Zappelmänner
tun das immer wieder.
Zehn kleine Zappelmänner
zappeln ringsherum.
Zehn kleine Zappelmänner,
die sind gar nicht dumm.
Zehn kleine Zappelmänner
spielen jetzt Versteck.
Zehn kleine Zappelmänner
sind auf einmal weg.
Zehn kleine Zappelmänner
rufen laut Hurra.
Zehn kleine Zappelmänner,
die sind wieder da.*

Fingerspiel für alle 10 Finger mit Bewegungen begleiten.
Die Kinder ermuntern, es nachzumachen und mitzusprechen.

Das ist der große Zeh,
der braucht viel Platz, juchheh,
das ist der zweite,
der steht ihm zur Seite,
das ist der dritte,
der steht in der Mitte,
wer ist denn dieser hier,
das ist die Nummer vier
und das ist der kleine –
keiner ist alleine.

Meine Augen sind verschwunden,
habe keine Augen mehr.
Ei, da sind die Augen wieder,
tra la, la, la, la.*

Die Kinder sprechen den Reim „Das ist der große Zeh" mit und lernen ihre Zehen
bezeichnen und die Ordnungszahlen kennen: „Das ist der zweite" usw.

Singen des Kinderreims „Meine Augen sind verschwunden".
Übertragen des „Verschwindens" auf andere Teile des Kopfes (z. B. Nase usw.).
Die Körperteile und den entsprechenden Begriff dafür kennen lernen.
Auf die grammatischen Besonderheiten achten: Meine Augen sind /
Meine Nase ist verschwunden.

Schlafen und Träumen

Wiegenlied im Freien

Da oben auf dem Berge,
Da wehet der Wind,
Da sitzet Maria
Und wieget ihr Kind,
Sie wiegt es mit ihrer schneeweißen Hand,
Dazu braucht sie kein Wiegenband.

Wiegenlied

Eio popeio, was rasselt im Stroh,
Die Gänslein gehn barfuß
Und haben keine Schuh,
Der Schuster hat's Leder,
Kein Leisten dazu,
Kann er den Gänslein
Auch machen kein Schuh.

(Auszug)

Morgenlied von den Schäfchen

Schlaf, Kindlein, schlaf,
Der Vater hüt die Schaf,
Die Mutter schüttelt's Bäumelein,
Fällt herab ein Träumelein.
Schlaf, Kindlein, schlaf.

Schlaf, Kindlein, schlaf,
Am Himmel ziehn die Schaf,
Die Sternlein sind die Lämmerlein,
Der Mond, der ist das Schäferlein,
Schlaf, Kindlein, schlaf.*

Ich hab mein Kindlein fein schlafen gelegt,
ich hab es mit roten Rosen besteckt,
mit roten Rosen, mit weißem Klee,
das Kindlein soll schlafen bis morgen früh.*

Schlaf, mein kleines Mäuschen,
schlaf bis morgen früh,
bis der Hahn im Häuschen
ruft sein Kikeriki.*

Reime und Gedichte für die Kinder der mittleren Gruppe

Für Naseweise

ABC – Die Katze lief in Schnee

ABC,
die Katze lief in Schnee.
Und als sie wieder rauskam,
da hatt sie weiße Stiefel an.
O weh, o jemine!

ABC,
die Katze lief zur Höh.
Sie leckt ihr kaltes Pfötchen rein
und putzt sich auch das Näselein
und ging nicht mehr in Schnee.

Weißt du was?
Wenn's regnet, wird's nass,
wenn's schneit, wird's weiß,
du bist ein kleiner Naseweis.*

Es war einmal ein Männchen,
das kroch in ein Kännchen,
dann kroch es wieder raus,
da war die Geschichte aus.

Ein Huhn, das fraß,
man glaubt es kaum,
ein Blatt von einem Gummibaum.
Dann ging es in den Hühnerstall
und legte einen Gummiball.

Wenn ich ein Vöglein wär,
Und auch zwei Flüglein hätt,
Flög ich zu dir;
Weil's aber nicht kann sein,
Bleib ich allhier.

(Auszug)

Kommt ein Vogel geflogen,
setzt sich nieder auf mein' Fuß.
Hat ein' Zettel im Schnabel,
von der Mutter einen Gruß.

Lieber Vogel, fliege weiter,
bring' ein Gruß mit und ein' Kuss,
denn ich kann dich nicht begleiten,
weil ich hier bleiben muss.*

Reimwörter zu „Ein Huhn, das fraß" finden und sprechen lassen:
kaum – Gummibaum, Hühnerstall – Gummiball.

Natur erleben – Feste feiern

Es war eine Mutter

Es war eine Mutter,
die hatte vier Kinder,
den Frühling, den Sommer,
den Herbst und den Winter.

Der Frühling bringt Blumen,
der Sommer bringt Klee.
Der Herbst bringt die Früchte,
der Winter den Schnee.*

Frühlingsbotschaft

Kuckuck, Kuckuck ruft aus dem Wald:
Lasset uns singen,
tanzen und springen!
Frühling, Frühling wird es nun bald.

Kuckuck, Kuckuck lässt nicht sein Schrein:
Komm' in die Felder;
Wiesen und Wälder!
Frühling, Frühling stelle dich ein!

HEINRICH HOFFMANN VON FALLERSLEBEN

Die „Frühlingsbotschaft" in verschiedener Stimmlage laut oder leise mitsprechen
lassen, damit den Frühling wecken oder nach ihm rufen.
Als Lied singen und mit Instrumenten begleiten (Flöte, Gitarre oder Keyboard).

April, April,
der weiß nicht, was er will.
Mal Regen und mal Sonnenschein,
dann schneit es wieder zwischendrein.
April, April,
der weiß nicht, was er will.*

Es regnet, es regnet,
der Kuckuck wird nass.
Wir sitzen im Trocknen,
was schadet uns das?*

Variante:

Es regnet, es regnet,
der Sperling wird nass.
Wir sitzen im Trocknen,
was schadet uns das?*

Liebe Sonne scheine
auf meine kalten Beine.
Lieber will ich barfuß laufen,
als mir ein Paar Stiefel kaufen.

Janosch

Im Kinderreim „Es regnet, es regnet …" den „Kuckuck" ersetzen durch andere
Vögel, wie den Sperling, die Amsel, die Meise, die Schwalbe usw. Oder andere
Tiere einsetzen, wie Hase, Igel, Katze usw. (vgl. farbige Einfügung oben).
Mit der selbst gefundenen Variante vorsprechen lassen und alle einladen,
es so nachzusprechen.

Blümchen am Wege,
Blümchen am Stege,
Blümchen blüh,
Frühjahr ist hie!

Der kleine Spatz

Spatzenvater Diederich
baut ein Nest, ganz liederlich.
Spatzenmutter blickt schief drein,
und legt trotzdem – fünf Eierlein.

Fünf Spatzenjunge schlüpfen aus,
wachsen schnell, drängen hinaus,
balgen sich und machen Lärm.
Der Kleinste nur – hat das nicht gern.

(Auszug)

HELMA HEYMANN

Über den „Kleinsten" der Spatzenfamilie nachdenken.
Überlegen, was der am liebsten machen würde (darüber sprechen,
auch malen oder zeichnen).

Laterne, Laterne,
Sonne, Mond und Sterne,
brenn auf mein Licht,
brenn auf mein Licht,
aber mein Laternchen nicht.*

Niklaus, Niklaus, huckepack,
schenk uns was aus deinem Sack!
Schütte deine Sachen aus,
gute Kinder sind im Haus!*

Du liebe Zeit!
Es schneit, es schneit!
Die Flocken fliegen
und bleiben liegen.
Ach, bitte sehr:
Noch mehr, noch mehr!

Essen und Trinken

Meine Mu, meine Mu,
meine Mutter schickt mich her,
ob der Ku, ob der Ku,
ob der Kuchen fertig wär.
Wenn er no, wenn er no,
wenn er noch nicht fertig wär,
käm ich mo, käm ich mo,
käm ich morgen wieder her.*

Die Äpfel sind rund.
Die Äpfel sind bunt.
Ich trag' sie ins Haus
Und komm wieder 'raus.

REINER PUTZGER

Den Kinderreim „Meine Mu, meine Mu," rhythmisch sprechen
und dazu klatschen und klopfen.
Die Vokale in dem Wort „Mutter" heraushören lassen:
„meine Mu – Mutter / Ku – Kuchen" usw.
Suchen lassen, wer ein „u" in seinem Vornamen hat (Luzi, Ute, Ruth, Rudi)
bzw. welche Wörter mit „u" die Kinder noch kennen (Stuhl, Uhr usw.).

Hau dich nicht,
stich dich nicht,
brenn dich nicht,
Suppe, die ist heiß!
Kindel, willst du Suppe essen,
darfst das Rühren nicht vergessen.

Müllers kleine Anneliese
isst gern Obst und viel Gemüse.
So lebt sie sehr gesund
und wird nicht kugelrund.

Müllers kleine Anneliese
turnt oft auf der Spielplatzwiese.
So lebt sie sehr gesund
und wird nicht kugelrund.

Den Reim „Müllers kleine Anneliese" aufteilen in Einzelsprecher und Chor
(der Chor spricht den Refrain, siehe oben kursiv gesetzt).
Über gesunde Lebensweise sprechen, Bilder dazu malen, eine Collage erstellen u. Ä.

Tischsprüche

Lisbeth, liebe Lisbeth,
der Kohl ist fett.
Die Klöße sind gar,
gib mir paar.*

Apfel rot und Apfel rund –
wer ihn isst, der bleibt gesund.*

Die Wurst hat zwei Zipfel,
der Tisch hat vier Ecken:
Drum lasst es euch schmecken! *

Rote Kirschen ess ich gern,
schwarze noch viel lieber,
in die Kita geh ich gern
alle Tage wieder.*

Wenn es wehtut

Nanu

Vögel, die nicht singen,
Glocken, die nicht klingen,
Kinder, die nicht lachen.
Was sind das für Sachen?

Der ist ins Wasser gefallen,
der hat ihn wieder herausgeholt,
der hat ihn ins Bett gelegt,
der hat ihn zugedeckt
und der hat ihn wieder aufgeweckt.

· ·

Der ist ins Wasser gefallen,
der hat ihn wieder herausgeholt,
der hat ihn ins Bett gelegt,
der hat ihn zugedeckt
und der hat ihn wieder aufgeweckt.

Den Kinderreim „Der ist ins Wasser gefallen" als Fingerspiel nutzen, um die fünf Finger
einer Hand zu entdecken (die Finger vorzeigen, auch die andere Hand betrachten).

Genug! Genug vom Weinen!
Die Sonne wird wieder scheinen,
die Glocken werden klingen,
die Vögel werden singen,
die Enten werden schnattern,
die Hühner werden gackern,
der Hahn wird wieder schrein
und du wirst wieder lustig sein.

Zu den Trostzeilen „Die Sonne wird wieder scheinen / die Glocken werden klingen"
Bildkärtchen anfertigen (Bild und Wort abbilden), darüber sprechen, was zu hören ist
und die jeweiligen Geräusche nachahmen.

Wenn die Kinder bockig sind

Quengelinchen

Quengelinchen, mein Hühnchen, wie traurig ist das:
Der Himmel ist blau, und das Wasser ist nass
und drei ist nicht vier,
und Kaffee kein Bier –
Ach, wenn doch alles ganz anders wär',
dann grämte sich unser Quengelinchen nicht mehr!

Victor Blüthgen

Wenn mein Kind nicht essen will,
ruf ich her die Spatzen,
fliegen aufs Fensterbrett,
ei, und werden schmatzen.

Wenn mein Kind nicht essen will,
ruf ich in den Keller,
unsre Katze leckt geschwind
leer den ganzen Teller.

....

Reimwortketten zum Vers „Wenn mein Kind ..." suchen:

Spatzen – schmatzen, Katzen – Tatzen usw.

Keller – Teller, schneller – heller usw.

Mach die Äuglein zu, mein Kind,
draußen weht ein schlimmer Wind.
Will das Kind nicht schlafen ein,
bläst er in das Bett hinein.*

Miesekätzchen Miese,
wovon bist du so griese?
Ich bin so griese, bin so grau,
ich bin das Kätzchen Griesegrau.

....

Frager: Miesekätzchen Miese,
wovon bist du so griese?
Antwort eines Kindes: Ich bin so griese, bin so grau,
ich bin das Kätzchen Griesegrau.

Den Reim „Miesekätzchen Miese" von zwei Sprechern
(Frage – Antwort, vgl. Hervorhebung) sprechen lassen.
Ermuntern, das Sprechen mit Gesten zu unterstützen.

Zungenbrecher und Sprachspiele

Gretel, Pastetel,
was machen die Gäns?
Sie sitzen im Wasser
und waschen die Schwänz.
Gretel, Pastetel,
wo ist denn die Kuh?
Die sitzet im Stalle
und machet muh, muh.
Gretel, Pastetel,
wo ist denn der Hahn?
Der sitzt auf der Mauer
und kräht, was er kann.

....

Frager: Gretel, Pastetel,
was machen die Gäns?
Gretel: Sie sitzen im Wasser
und waschen die Schwänz.
Frager: Gretel, Pastetel,
wo ist denn die Kuh?
Gretel: Die sitzet im Stalle
und machet muh, muh.
Frager: Gretel, Pastetel,
wo ist denn der Hahn?
Gretel: Der sitzt auf der Mauer
und kräht, was er kann.

Das Frage-Antwort-Gespräch von zwei Kindern sprechen lassen
(es können auch mehrere Kinder sein, vgl. Hervorhebungen).
Die übrigen Kinder agieren als Chor: Sie „muhen" wie eine Kuh
und „krähen" wie ein Hahn an den passenden Stellen.

Ich und du,
Müllers Kuh,
Müllers Esel,
der bist du.*

Eine kleine Dickmadam
fuhr mal mit der Eisenbahn.
Eisenbahn, die krachte,
Dickmadam, die lachte,
Eins, zwei, drei
und du bist frei.*

Ene, mene, miste,
es rappelt in der Kiste,
ene, mene, meck
und du bist weg!*

Ene, mene, muh,
raus bist du.
Raus bist du noch lange nicht,
sag mir erst, wie alt du bist.*

Soviel Dorn' ein Rosenstock,
soviel Haar' ein Ziegenbock,
soviel Flöh' ein Pudelhund,
soviel Jahre bleib gesund!

Der kleine Fritz Floh
hatte ein Schwein,
das war nicht sehr groß
und auch nicht sehr klein,
das war nicht sehr schwer,
das war nicht sehr leicht,
es konnte gut grunzen,
das hat Fritz gereicht.

GERALD JATZEK

Gegensätze im Text „Der kleine Fritz Floh" herausfinden:
„groß und klein / leicht und schwer".
Weitere Gegensatzpaare suchen lassen und mit Begriffen verbinden,
wie z.B. dick und dünn – hell und dunkel: ein Baum ist <u>dick</u> – ein Blumenstengel
ist <u>dünn</u>, am Tag ist es <u>hell</u> – in der Nacht ist es <u>dunkel</u> usw.
Darüber sprechen, warum es Fritz reicht, dass sein Schwein „gut grunzen" konnte.

Tanzlieder und Reigenspiele

Tanzliedchen

Tanz, Kindlein, tanz,
Deine Schühlein sind noch ganz,
Lass dir sie nit gereue,
Der Schuster macht dir neue.
Tanz, Kindlein, tanz.*

Brüderchen, komm, tanz mit mir.
Beide Hände reich ich dir.
Einmal hin, einmal her,
rundherum, das ist nicht schwer.

Mit den Händchen klapp, klapp klapp,
mit den Füßchen trapp, trapp, trapp.
Einmal hin, einmal her,
rundherum, das ist nicht schwer.

Mit den Fingerchen tipp, tipp, tipp,
mit dem Köpfchen nick, nick, nick.
Einmal hin, einmal her,
rundherum, das ist nicht schwer.*

Die Tanzlieder singen, dazu klatschen, als Polonaise tanzen.
Namen der Kinder der Gruppe an möglichen Stellen einsetzen, z. B.:
„Tanz, Katja, tanz" oder statt „Brüderchen, komm, tanz mit mir" den Namen
eines Jungen oder Mädchens einsetzen, z. B.: „Jannick, komm tanz mit mir".
Das Tanzlied wird auch in der Märchenoper von Engelbert Humperdinck
„Hänsel und Gretel" gesungen. Als Tonaufnahme mitbringen und vorspielen.

Ringel, ringel, Reihe,
wir sind der Kinder dreie.
Wir sitzen unterm Holderbusch
und schreien alle husch, husch, husch.*

Es tanzt ein Bi-Ba-Butzemann
    in unserm Kreis herum, dideldum,
es tanzt ein Bi-Ba-Butzemann
    in unserm Kreis herum.
Er rüttelt sich, er schüttelt sich, er wirft
    sein Säckchen hinter sich,
es tanzt ein Bi-Ba-Butzemann
    in unserm Kreis herum.*

Bumdidi

Bumdidi,
bumdidi,
bumdidi,
bum.

So geht der Elefant herum.

Bumdidi,
bumdidi,
bumdidi,
bum.

Ein Glöcklein an drei Beinen,
kein Glöcklein an dem einen.

Bumdidi,
bumdidi,
bumdidi,
bum.

JOSEF GUGGENMOS

Das Gedicht als Kreisspiel spielen.
Den Rhythmus des Gedichts mit stampfenden Schritten und mit einer Trommel
(mehreren Trommeln) unterstützen (die Richtung wechseln nach „bum").
Die Lautgruppen durch deutliches Sprechen hervorheben: bumdidi / bum.
Die Lautwörter mit anderen Vokalen sprechen lassen: z. B. mit einem „a": bamdidi / bam
oder mit einem „i": bimdidi / bim.

Wer will fleißige Handwerker sehn,
der muss zu den Kindern gehn.
Stein auf Stein, Stein auf Stein,
der Maurer wird bald fertig sein.

Wer will fleißige Handwerker sehn,
der muss zu den Kindern gehn.
Zisch, zisch, zisch, zisch, zisch, zisch,
der Tischler hobelt glatt den Tisch.

Wer will fleißige Handwerker sehn,
der muss zu den Kindern gehn.
Stich, stich, stich, stich, stich, stich,
der Schneider näht ein Kleid für dich.

Wer will fleißige Handwerker sehn,
der muss zu den Kindern gehn.
Seht, wie fein, seht, wie fein,
der Glaser setzt die Scheiben ein.*

Von Zahlen und vom Zählen

Eins, zwei, drei, vier, fünf,
strick mir ein paar Strümpf,
nicht zu groß und nicht zu klein,
morgen soll die Hochzeit sein.*

Eins, zwei, drei, vier, fünf,
der Storch hat keine Strümpf.
Der Frosch, der hat kein Haus
Und du bist raus.*

Eins, zwei, drei, vier, fünf, sechs, sieben,
meine Mutter, die kocht Rüben.
Meine Mutter schneidet Speck
und du bist weg.*

Sieben Kinder warten
vor dem Kindergarten.
Wer holt sie 'rein?
Du sollst es sein.

REINER PUTZGER

Morgens früh um sechs
kommt die kleine Hex',
morgens früh um sieben
schabt sie gelbe Rüben;
morgens früh um acht
wird der Kaffee gemacht;
morgens früh um neune
geht sie in die Scheune;
morgens früh um zehne
holt sie Holz und Späne;
feuert an bis elfe,
kocht dann bis um zwölfe
Fröschebein und Krebs und Fisch.
Hurtig, Kinder, kommt zu Tisch!*

Alle Abzählverse für das Lernen der Zahlen und für das Zählen nutzen.

Schlafen und Träumen

Mond
Baum
Abendruh
Mond
Traum
Augen zu
Mond
Wolke
Silberlicht
Mond
Mond
Rede nicht

Max Kruse

Das Gedicht wiederholt vorsprechen und mitsprechen lassen.
Das Gedicht auf ein Plakat schreiben, die Kinder die Symbole malen und
an die entsprechende Textstelle kleben lassen. Im Gruppenraum anhängen.
Die Reimpaare sprechen lassen (leise und zärtlich): Baum – Traum /
Abendruh – Augen zu / Silberlicht – Rede nicht.

Himpelchen und Pimpelchen

Himpelchen und Pimpelchen,
die stiegen auf einen Berg.

Himpelchen war ein Heinzelmann
und Pimpelchen ein Zwerg.

Die blieben da oben ganz lange sitzen
und wackelten mit den Zipfelmützen.

Doch schon nach sieben Wochen
sind sie in den Berg gekrochen.

Sie schlafen dort in guter Ruh.
Nun sei schön brav und schlaf auch du.*

Gutenachtliedchen

Leise, Peterle, leise,
der Mond geht auf die Reise;
er hat sein weißes Pferd gezäumt,
das geht so still, als ob es träumt,
leise, Peterle, leise.

Stille, Peterle, stille,
der Mond hat eine Brille;
ein graues Wölkchen schob sich vor,
das sitzt ihm grad auf Nas und Ohr,
stille, Peterle, stille.

Träume, Peterle, träume,
der Mond guckt durch die Bäume;
ich glaube gar, nun bleibt er stehn,
um Peterle im Schlaf zu sehn –
träume, Peterle, träume.

Paula Dehmel

Die Blümelein, sie schlafen

Die Blümelein, sie schlafen
schon längst im Mondenschein,
sie nicken mit den Köpfchen
auf ihren Stängelein.
Es rüttelt sich der Blütenbaum,
er säuselt wie im Traum:
Schlafe, schlaf ein,
mein Kindelein.

Die Vögelein, sie sangen
so süß im Sonnenschein,
sie sind zur Ruh' gegangen
in ihre Nestchen klein.
Das Heimchen in dem Ährengrund,
es tut allein sich kund.
Schlafe, schlaf ein,
mein Kindelein.

Sandmännchen kommt geschlichen
und guckt durchs Fensterlein,
ob irgend noch ein Liebchen
nicht mag zu Bette sein.
Und wo er noch ein Kindchen fand,
streut er ins Aug' ihm Sand.
Schlafe, schlaf ein,
mein Kindelein.

Friedrich von Spee

Auf die „Verkleinerungen", die kleinen Dinge, im Lied hinweisen,
darüber sprechen, wie z. B.: Blümelein / Vögelein / Nestchen klein / Kindchen usw.)
Bilder zum Lied malen und als Collage gestalten.

Reime und Gedichte für die Kinder der ältesten Gruppe

Für Naseweise

Zungenbrecher

Esel essen Nesseln nicht,
Nesseln essen Esel nicht.*

Es klapperten die Klapperschlangen,
bis ihre Klappern schlapper klangen.*

Fischers Fritze fischt frische Fische,
frische Fische fischt Fischers Fritze.*

Schneiders Schere schneidet scharf,
scharf schneidet Schneiders Schere.*

....

Die Zungenbrecher immer schneller und in unterschiedlicher Stimmlage
sprechen (leise, laut, anschwellend usw.).

Der Papagei
Macht viel Geschrei,
Doch manchmal ist er stille.
Die Mamagei
Sie legt ein Ei
Und braucht dazu keine Brille.

Hermann von Lingg

Ich bin die Bücherschreibeliese
und wandre über eine Wiese.
Da sehe ich an einem Baum
hängen einen Orangentraum.

Ach, Traum, nun sag mir bitte sehr,
wo krieg ich 'ne Orange her?

(Auszug)

Sven-Dirk Schulz

Zur Frage im Gedicht „Ich bin die Bücherschreibeliese …" als Antwort Bilder
malen lassen.

Der verschwundene Stern

Es stand ein Sternlein am Himmel,
Ein Sternlein guter Art,
Das tät so lieblich scheinen,
So lieblich und so zart.

Ich wusste seine Stelle
Am Himmel, wo es stand,
Trat abends vor die Türe
Und suchte, bis ich's fand.

Das Sternlein ist verschwunden,
Ich suche hin und her,
Wo ich es sonst gefunden,
Und find es nun nicht mehr.

Das Gedicht wiederholt vorsprechen und mitsprechen lassen.
Geschichten über Sterne erzählen.

Kinderpredigt

Ein Huhn und ein Hahn,
Die Predigt geht an,
Ein Kuh und ein Kalb,
Die Predigt ist halb,
Ein Katz und ein Maus,
Die Predigt ist aus,
Geht alle nach Haus
und haltet ein Schmaus.
Habt ihr was, so esst es,
Habt ihr nichts, vergesst es,
Habt ihr ein Stückchen Brot,
So teilet es mit der Not,
Und habt ihr noch ein Brosämlein,
So streuet es den Vögelein.

Über die Textstelle in der „Kinderpredigt": „So teilet es mit der Not" sprechen und
überlegen, mit wem man etwas teilen möchte.
Möglichkeiten zum Vortragen der „Kinderpredigt" schaffen (zum Elternabend,
zum Sommerfest u. Ä.).

Volkslied

Wenn ich zwei Vöglein wär,
Und auch vier Flügel hätt,
Flög die eine Hälfte zu dir.
Und die andere, die ging auch zu Bett,
Aber hier zu Haus bei mir.

(Auszug)

JOACHIM RINGELNATZ

Montag fängt die Woche an.
Dienstag sind wir übel dran.
Mittwoch sind wir mittendrin.
Donnerstag gibt's ein Wunderding.
Freitag gibt's gebratnen Fisch.
Samstag tanzen wir um den Tisch.
Sonntag gibt's ein Schweinebrätle
Und dazu ein Krautsalätle.

Die Namen der Wochentage im Raum anbringen und immer wieder auffordern,
sie nacheinander aufzusagen bzw. zu erfragen, wie z. B.: Welcher Wochentag ist heute,
war gestern, kommt morgen, an welchen Tagen sind die Kinder nicht im Kindergarten?

Natur erleben – Feste feiern

April, April,
der weiß nicht, was er will.
Mal Regen und mal Sonnenschein,
dann schneit es wieder zwischendrein.
April, April,
der weiß nicht, was er will.*

Osterlied

Has, Has, Osterhas,
wir möchten nicht mehr warten!
Der Krokus und das Tausendschön,
Vergissmeinnicht und Tulpen stehn
schon lang in unserm Garten.

Has, Has, Osterhas,
ich wünsche mir das Beste:
Ein großes Ei, ein kleines Ei
und ein lustiges Dideldumdei,
alles in einem Neste!

(Auszug)

PAULA DEHMEL

Es ist Pfingsten im Dorf,
es ist Pfingsten im Dorf,
die Leute backen Kuchen.
Gib mir auch ein Stück,
gib mir auch ein Stück,
ich will ihn mal versuchen.

....

Projekt zum Osterfest: Die Blumen im „Osterlied" in der Umgebung suchen,
Osterverstecke ausdenken und ein „Dideldumdei" malen, kleben oder kneten.
Die Kinder erzählen lassen, was ihr „Dideldumdei" bedeuten soll.

Eine Segelbootpartie

Igels machen sonntags früh
eine Segelbootpartie.
Und die Kleinen jauchzen froh,
denn das Boot, das schaukelt so.
„Fallt nicht raus", ruft Mutter Igel,
„denn ihr habt doch keine Flügel.
Wenn ihr dann ins Wasser fallt,
hu, da ist es nass und kalt."

ERICH WEINERT

* * *

Die Gruppe: Igels machen sonntags früh
eine Segelbootpartie.
Und die Kleinen jauchzen froh,
denn das Boot, das schaukelt so.

Die Mutter: „Fallt nicht raus", ruft Mutter Igel,
„denn ihr habt doch keine Flügel.
Wenn ihr dann ins Wasser fallt,
hu, da ist es nass und kalt."

Wiederholtes Vorsprechen und Mitsprechen des Gedichts.
Den Text sprachsprecherisch inszenieren: Aufteilen des Textes für zwei Sprecher
(kann auch die Gruppe sein und die „Mutter").
Den Erzählerkommentar (in der szenischen Textgestaltung unterstrichen)
spricht (ruft, flüstert usw.) ein Erzähler-Kind.
Kindern einer anderen Gruppe vorstellen oder als Tonaufnahme aufnehmen.

Rumpumpels Geburtstag

Kräht der Hahn früh am Tage,
krähet laut, kräht weit:
Guten Morgen, Rumpumpel,
dein Geburtstag ist heut!

Guckt das Eichhörnchen runter:
Wenig Zeit, wenig Zeit!
Guten Morgen, Rumpumpel,
dein Geburtstag ist heut!

Kommt das Häschen gesprungen,
macht Männchen vor Freud:
Guten Morgen, Rumpumpel,
dein Geburtstag ist heut!

Steht der Kuchen auf dem Tische,
macht sich dick, macht sich breit:
Guten Morgen, Rumpumpel,
dein Geburtstag ist heut!

Und Vater und Mutter,
alle Kinder, alle Leut
schrein: Hoch der Rumpumpel,
sein Geburtstag ist heut!

PAULA DEHMEL

Enne-menne Tintenfass

Enne-menne Tintenfass,
komm herein und frag mich was.
Frag mich nach der guten Fee,
seh sie fahren durch den Schnee.
Frag mich nach dem Tannenbaum,
träum darin den Kindertraum:
Sterne funkeln überm Dach
zugefroren ist der Bach.
Aus dem Schornstein weißer Rauch:
Ofen wärme uns den Bauch!

BENNO PLUDRA

Das Gedicht zum Anlass nehmen, um „Winterbilder" zu suchen und diese zu
beschreiben (Illustrationen aus Bilderbüchern im Gruppenraum auslegen,
Reproduktionen ausstellen u. Ä.)
Wenn Internet vorhanden, dort Bilder suchen und anschauen.

Winters Ankunft

Im weißen Pelz der Winter
steht lange schon hinter der Tür.
Ei, guten Tag, Herr Winter!
Das ist nicht hübsch von dir.
Wir meinten, du wärst wer weiß wie weit;
da kommst du auf einmal hereingeschneit.
Nun, da du hier bist, da mag's schon sein;
Aber was bringst du uns Kinderlein?

Was ich euch bringe, das sollt ihr wissen:
Fröhliche Weihnacht mit Äpfel und Nüssen
und Schneebällen,
wie sie fallen,
und im Jänner
auch Schneemänner.*

....

Erzähler: Im weißen Pelz der Winter
steht lange schon hinter der Tür.
Die Kinder: Ei, guten Tag, Herr Winter!
Das ist nicht hübsch von dir.
Wir meinten, du wärst wer weiß wie weit;
da kommst du auf einmal hereingeschneit.
Nun, da du hier bist, da mag's schon sein;
Aber was bringst du uns Kinderlein?

Der Winter: Was ich euch bringe, das sollt ihr wissen:
Fröhliche Weihnacht mit Äpfel und Nüssen
und Schneebällen,
wie sie fallen,
und im Jänner
auch Schneemänner.

Mit verteilten Rollen sprechen (siehe oben) und für die Weihnachtsfeier
der Gruppe inszenieren.

Essen und Trinken

Woher kommt das Ei?

Woher kommt das Ei?
So fragte Finchen.
Da sagte Tinchen:
Es kommt aus dem Hühnchen.
Da sagte Stinchen:
Ich wette drei Bonbons:
Das Ei kommt aus Kartons!

ALFRED KÖNNER

....

Finchen: Woher kommt das Ei?

Erzähler: So fragte Finchen.

Erzähler: Da sagte Tinchen:

Tinchen: Es kommt aus dem Hühnchen.

Erzähler: Da sagte Stinchen:

Stinchen: Ich wette drei Bonbons:
Das Ei kommt aus Kartons!

Das Rätsel-Spiel mit verteilten Rollen sprechen.
Darüber reden, woher die Eier wirklich kommen und wieso Stinchen sagt:
„Ich wette drei Bonbons / Das Ei kommt aus Kartons!"

Der Birnenschmaus

So komm, du lieber Sonnenschein,
lass unsere Birnen gut gedeihn!

Und wenn sie gelb geworden sind,
dann komm und wehe, lieber Wind!

Komm, Wind, und schüttle jeden Ast
und lad uns allesamt zu Gast!

Dann eilen wir zum Haus hinaus
und halten einen Birnenschmaus.

HEINRICH HOFFMANN VON FALLERSLEBEN

••••••••••••••••••••••

So komm, du lieber Sonnenschein,
lass unsere Birnen (Äpfel, Aprikosen, Pflaumen)
    gut gedeihn!

Und wenn sie gelb (rot, gelb-orange, blau)
    geworden sind,
dann komm und wehe, lieber Wind!

Komm, Wind, und schüttle jeden Ast
und lad uns allesamt zu Gast!

Dann eilen wir zum Haus hinaus
und halten einen Birnenschmaus
    (Apfel-, Aprikosen-, Pflaumenschmaus).

Projekt „Früchte in unserem Garten": Darüber sprechen, welche einheimischen Früchte neben Birnen noch bei uns wachsen.
Diese Früchte an Stelle der Birnen in das Gedicht einfügen (vgl. oben).
Birnen u. a. Früchte mitbringen und benennen lassen (evtl. auch Illustrationen bzw. Fotos nutzen – Namenwörter schreiben und im Raum anhängen).
Gespräche über das Blühen, Wachsen und Ernten der einheimischen Früchte.

—

Lustig ist die Fasenacht,
wenn die Mutter Küchlein backt;
wenn sie aber keine backt,
pfeif ich auf die Fasenacht.*

Zwei Knaben machten sich den Jokus
und tranken Apfelsaft im Keller.
Da mussten beide auf den Lokus,
jedoch der Apfelsaft war schneller.

Bärchen hat sich überfressen

Schrecklich stöhnt der kleine Bär:
„Holt mal schnell den Doktor her!
O mein Bauch! Was soll ich machen?"
Aber alle Tiere lachen:
„Petz, du hast zu viel gegessen,
hast dich wieder überfressen,
stopfst dir voll den dicken Wanst,
bist du nicht mehr japsen kannst."

ERICH WEINERT

Erzähler: Schrecklich stöhnt der kleine Bär:
Kleiner Bär: „Holt mal schnell den Doktor her!
O mein Bauch! Was soll ich machen?"
Erzähler: Aber alle Tiere lachen:
Die Gruppe: Petz, du hast zu viel gegessen,
hast dich wieder überfressen,
stopfst dir voll den dicken Wanst,
bist du nicht mehr japsen kannst."

Szenisches Spiel zu „Bärchen …" für drei Spieler: Erzähler, das Bärchen, die Tiergruppe, wie oben im Text hervorgehoben. Mit verschiedenen Gruppen ausprobieren, den anderen vorspielen, das Spiel bewerten lassen.

Wenn die Kinder bockig sind

Nasenweisheit

Da war mal eine Mutter,
die sprach zu ihrem Kind:
„Wer morgens nicht nach Seife riecht,
der stinkt, jawohl, der stinkt."

Da sagt das Kind: „Wieso denn?
Jetzt sag ich was zu dir:
Ich stinke nicht, ich stinke nicht,
ich riech nach mir."

FREDERIK VAHLE

....

Erzähler: Da war mal eine Mutter,
die sprach zu ihrem Kind:
Mutter: „Wer morgens nicht nach Seife riecht,
der stinkt, jawohl, der stinkt."
Erzähler: Da sagt das Kind:
Kind: „Wieso denn?
Jetzt sag ich was zu dir:
Ich stinke nicht, ich stinke nicht,
ich riech nach mir."

Mit verteilten Rollen (Erzähler, Mutter, Kind) spielen lassen.
Über das Gedicht sprechen: Wer hat Recht, die Mutter oder das Kind?

Der Hans im Schnakenloch
hat alles, was er will!
Und was er hat, das will er nicht,
und was er will, das hat er nicht,
der Hans im Schnakenloch
hat alles, was er will!*

Was guckst du mich an?
Hab schon einen Mann.
Wärst früher gekommen,
hätt ich keinen genommen.

Hänschen saß im Schornstein
Und flickte seine Schuh,
da kam ein schönes Mädchen
und sah ihm lange zu.

Mädchen, willst du freien,
so freie dich mit mir!
Ich habe noch zwei Dreier,
die will ich geben dir.

Zwei Dreier sind zu wenig,
zwei Groschen sind zu viel,
da bleib ich lieber ledig
und tue, was ich will.

batman und robin
die liegen im bett,
batman ist garstig
und robin ist nett.

batman tatüü
und robin tataa,
raus aus den federn,
der morgen ist da!

H.C. ARTMANN

Sechs Sätze für Fabian

Fünfmal einen Kreis schlagen.
Viermal eine Erbse tragen.
Dreimal in der Mitte stehn.
Zweimal um die Ecke sehn.
Einmal an der Nase drehn.
Nach Hause gehn.

PETER HÄRTLING

Im Gedicht „batman und robin" können die beiden Namen durch Namen der Kinder
aus der Gruppe ersetzt werden, wie z.B. Leo und Tobias, Luzi und Paula.
Es macht Spaß, den Reim mit den Namen der Gruppenkinder immer wieder
zu sprechen.

Zungenbrecher und Sprachspiele

Der Wasserlinsenplinsen

Auf unserm Teich, aus runden Linsen,
schwimmt grün der Wasserlinsenplinsen.

Der Mond, der backt ihn über Nacht,
die Sonne sieht ihn tags und lacht.

Wir Kinder freuen uns daran.
Die Ente frisst ihn, weil sie's kann.

Hei, wie sie plappert, wie sie sabbert,
wenn sie den Linsenplinsen schlabbert.

WERNER LINDEMANN

Das Gedicht wiederholt vorsprechen und zuhören, dann mitsprechen lassen.
Lustige Wörter mit den Kindern herausfinden: Wasserlinsenplinsen, Linsenplinsen.
Reimwörter heraussuchen: plappert, sabbert, schlappert …

Dicki Nicki

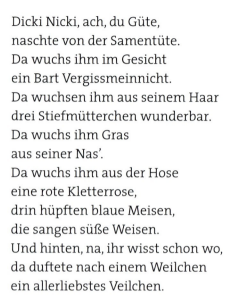

Dicki Nicki, ach, du Güte,
naschte von der Samentüte.
Da wuchs ihm im Gesicht
ein Bart Vergissmeinnicht.
Da wuchsen ihm aus seinem Haar
drei Stiefmütterchen wunderbar.
Da wuchs ihm Gras
aus seiner Nas'.
Da wuchs ihm aus der Hose
eine rote Kletterrose,
drin hüpften blaue Meisen,
die sangen süße Weisen.
Und hinten, na, ihr wisst schon wo,
da duftete nach einem Weilchen
ein allerliebstes Veilchen.

ALFRED KÖNNER

Das Erzählgedicht mit unterschiedlichem Gestus vorsprechen
(als Geheimnis, spottend, klagend, fröhlich usw. – vgl. Vorschläge Brechts auf S. 35).
Eine Collage (kindergroße Pappfigur) mit den genannten Blumen anfertigen.
Die „Namenwörter" der Blumen an die Collage anheften.

Eine Kuh, die saß im Schwalbennest

Eine Kuh, die saß im Schwalbennest
Mit sieben jungen Ziegen,
Sie feierten ihr Jubelfest
Und fingen an zu fliegen.
Der Esel zog Pantoffeln an,
Ist übers Haus geflogen.
Und wenn das nicht die Wahrheit ist,
So ist es doch gelogen.

GUSTAV FALKE

In der Kuchenfabrik

Im Streuselkuchen ist Streusel,
im Pflaumenkuchen sind Pflaum',
im Marzipankuchen ist Marzipan,
im Baumkuchen ist ein Baum.

Im Kirschkuchen sind Kirschen,
im Obstkuchen ist Obst,
im Reibekuchen eine Küchenreibe,
ich hoffe, dass du ihn lobst.

Im Käsekuchen ist Käse,
im Hundekuchen ein Hund,
und wenn der Jens so weiterfrisst,
wird er noch kugelrund.

FRANZ FÜHMANN

Abzählreim

Mini, maxi, Mückenbein,
wer gern tanzt, bleibt nicht allein.

Wer sti, sta, still nicht stehen kann,
der fi, fa, fängt als erster an.

Mini, maxi, Mückenbein,
tanz mit uns im Sonnenschein.

Helma Heymann

Heute Abend auf dem Ball
tanzt der Herr von Zwiebel
mit der Frau von Petersil:
Ach, das ist nicht übel.
(Auszug)

Werner Halle

Hinter Herrmann Hansens Haus
hängen hundert Hemden raus.
Hundert Hemden hängen raus
hinter Hermann Hansens Haus.*

Tanzlieder und Reigenspiele

Heißa, Kathreinerle

Heißa, Kathreinerle, schnür dir die Schuh',
schürz dir dein Röckele, gönn dir kein' Ruh!
Didel, dudel, dadel, schrumm, schrumm, schrumm,
geht schon der Hopser rum.
Heißa, Kathreinerle, frisch immer zu!

Dreh wie ein Rädele flink dich zum Tanz!
Fliegen die Zöpfele, wirbelt der Kranz:
Didel, dudel, dadel, schrumm, schrumm, schrumm,
lustig im Kreis herum.
Dreh dich, mein Mädele, im heitren Tanz!

Heute heißt's lustig sein, morgen ist's aus.
Sinket der Lichterschein, gehn wir nach Haus.
Didel, dudel, dadel, schrumm, schrumm, schrumm,
morgen mit viel Gebrumm
fegt unsre Wirtin den Tanzboden aus.

Einzelstimme: Heißa, Kathreinerle,
   schnür dir die Schuh',
schürz dir dein Röckele, gönn dir kein' Ruh!
Gruppe: Didel, dudel, dadel,
   schrumm, schrumm, schrumm,
geht schon der Hopser rum.
Heißa, Kathreinerle, frisch immer zu!

Als Lied / Tanz einüben, aufteilen in Einzelsänger und die Gruppe
(Beispiel oben übertragen auf die anderen Strophen).
Instrumente einsetzen zur Verszeile: „Didel, dudel ..."

Ringlein, Ringlein,
du musst wandern,
von der einen Hand zur andern.
Ei, wie schön, ei, wie schön,
keiner darf das Ringlein sehn.

O, wie klappert das
in mein' Butterfass,
hin und her, kreuz und quer.
Sage mir, mein liebes Kind,
wo das Ringlein sich befind.*

Schnupfen

Von einem zum andern:
Die Viren – sie wandern.
Sie keuchen und prusten:
Der Schnupfen muss husten.

Lutz Rathenow

Hier ist grün,
da ist grün
unter meinen Füßen.
Hab verloren meinen Schatz,
werd' ihn suchen müssen.

Such ihn hier,
such ihn da,
such ihn unter allen,
wird gewiss nur einer sein,
der mir wird gefallen.

Dreh dich rum, ich kenn dich nicht,
bist du's oder bist du's nicht?
Nein, nein, du bist es nicht,
scher dich fort, ich mag dich nicht!

Ja, ja, du bist es ja!
Komm, wir wollen tanzen!*

Allerlei Tiere

Kleine Elefanten

Wer erzieht den kleinen Elefanten?
Nicht der Vater, sondern nur die Tanten.
Überall begleiten sie den Kleinen
Auf den Elefantentantenbeinen.
Wenn Gefahr naht, stellen sie sich weise –
Kopf nach innen – um ihn her im Kreise,
So dass Feinde im Vorübergehen
Nur die Elefantentantenhintern sehen.

Dadurch kommt es, dass ein Elefantenkind,
Wenn es groß ist und schon laut trompetet,
Schutzbedürftig bleibt und leicht errötet
Und empfindlich ist, wie alte Tanten sind.

James Krüss

Projekt „Elefanten": Das Gedicht wiederholt vorsprechen und zum
Zuhören auffordern.
„Riesenwörter" aus dem Gedicht mit den Kindern suchen: „Elefantentantenbeine" /
„Elefantentantenhintern" usw.
Bücher über Elefanten mitbringen (Bibliothek nutzen). Wenn möglich,
im Internet Bilder zu „Elefanten" suchen.
Darüber sprechen, ob es stimmt, dass die Elefantentanten den kleinen Elefanten
erziehen. Überlegen, wer die Kita-Kinder erzieht.

Marienwürmchen

Marienwürmchen, setze dich
Auf meine Hand, auf meine Hand,
Ich tu dir nichts zuleide.
Es soll dir nichts zuleid geschehn,
Will nur deine bunten Flügel sehn,
Bunte Flügel, meine Freude.

Marienwürmchen, fliege weg,
Dein Häuschen brennt, die Kinder schrein
So sehre, wie so sehre.
Die böse Spinne spinnt sie ein,
Marienwürmchen, flieg hinein,
Deine Kinder schreien sehre.

Marienwürmchen, fliege hin
Zu Nachbars Kind, zu Nachbars Kind,
Sie tun dir nichts zuleide!
Es soll dir da kein Leid geschehn,
Sie wollen deine bunten Flügel sehn,
Und grüß sie alle beide.

Das Gedicht wiederholt vorsprechen.
Bilder, Fotos vom Marienkäfer mitbringen bzw. in der Bücherecke danach suchen lassen.
Über die „böse Spinne" sprechen und über kleine Tiere in der Umgebung der Kinder.
Umweltschutz einbeziehen: „Es soll dir ja kein Leid geschehn …"

Tross, tross, trüll,
Der Bauer hat ein Füll'.
Das Füllen will nicht laufen,
der Bauer will's verkaufen.
Verkaufen will's der Bauer,
das Leben wird ihm sauer.
Sauer wird ihm das Leben,
der Weinstock, der trägt Reben.
Reben trägt der Weinstock,
Hörner hat der Ziegenbock.
Der Ziegenbock springt in den Wald,
im Winter ist es bitterkalt.
Bitterkalt ist's im Winter,
da frieren alle Kinder.
Alle Kinder frieren,
glaubst du's nicht, musst du's probieren.*

Zwischen Berg und tiefem, tiefem Tal
saßen einst zwei Hasen,
fraßen ab das grüne, grüne Gras,
fraßen ab das grüne, grüne Gras
bis auf den Rasen.

Als sie sich nun satt gefressen hatten,
legten sie sich nieder,
bis dass der Jäger, Jäger kam,
bis dass der Jäger, Jäger kam
und schoss sie nieder.

Als sie sich nun aufgerappelt hatten
und sie sich besannen,
dass sie noch am Leben, Leben warn,
dass sie noch am Leben, Leben warn,
hüpften sie von dannen.*

Solostimme: Zwischen Berg und tiefem, tiefem Tal
saßen einst zwei Hasen,
Chor: fraßen ab das grüne, grüne Gras,
fraßen ab das grüne, grüne Gras
bis auf den Rasen.

Solostimme: Als sie sich nun satt gefressen hatten,
legten sie sich nieder,
Chor: bis dass der Jäger, Jäger kam,
bis dass der Jäger, Jäger kam
und schoss sie nieder.

Solostimme: Als sie sich nun aufgerappelt hatten
und sie sich besannen,
Chor: dass sie noch am Leben, Leben warn,
dass sie noch am Leben, Leben warn,
hüpften sie von dannen.*

Als Lied zu singen (zwischen Solostimme und Chor wechseln – vgl. farbig ausgewiesen),
bei einem Fest vortragen.

Die Enten laufen Schlittschuh

Die Enten laufen Schlittschuh
auf ihrem kleinen Teich.
Wo haben sie denn die Schlittschuh her –
sie sind doch gar nicht reich?

Wo haben sie denn die Schlittschuh her?
Woher? Vom Schlittschuhschmied!
Der hat sie ihnen geschenkt, weißt du,
für ein Entenschnatterlied.

CHRISTIAN MORGENSTERN

•••••••••••••••••••••••

1. Sprecher: Die Enten laufen Schlittschuh
auf ihrem kleinen Teich.
2. Sprecher: Wo haben sie denn die Schlittschuh her –
sie sind doch gar nicht reich?

2. Sprecher: Wo haben sie denn die Schlittschuh her?
1. Sprecher: Woher? Vom Schlittschuhschmied!
Der hat sie ihnen geschenkt, weißt du,
für ein Entenschnatterlied.

Das Gedicht wiederholt vorsprechen und mitsprechen lassen.
Mit verteilten Rollen sprechen (vgl. farbig ausgewiesen).
Einer anderen Gruppe vorführen oder auf CD aufnehmen und wiederholt anhören.
Zum Gedicht Bilder malen, im Gruppenraum anhängen.

Die drei Spatzen

In einem leeren Haselstrauch,
da sitzen drei Spatzen, Bauch an Bauch.

Der Erich rechts und links der Franz
und mittendrin der freche Hans.

Sie haben die Augen zu, ganz zu
und obendrüber da schneit es, hu!

Sie rücken zusammen dicht an dicht.
So warm wie der Hans hat's niemand nicht.

Sie hör'n alle drei ihrer Herzen Gepoch.
Und wenn sie nicht weg sind, so sitzen sie noch.

CHRISTIAN MORGENSTERN

Hereinspaziert zur Tierschau!

Adler, Geier, Nebelkrähen,
Kormoran und Pelikan:
Wer die Tiere möchte sehen,
schaue sich die Tierschau an.

Hier die großen Katzentiere:
Löwe, Panther und Gepard.
Von den Tigern gibt es viere,
doch nur einen Leopard.

Dort seht ihr Koalabärchen,
Beutelmaus und Känguru,
und daneben wie ein Pärchen
stehen Storch und Marabu.

Links das Nashorn, stark und mächtig,
nennt man auch Rhinozeros;
und das Nilpferd, ungeschlächtig,
heißt auch Hippopotamus.

Ob Vampire, ob Tapire,
ob Kamel, ob Pavian:
Bei der Tierschau schaun die Tiere
sich vergnügt die Menschen an.

James Krüss

Projekt „Eine Tierschau oder Tiere im Zoo"
Das Gedicht wiederholt vorsprechen, genau zuhören und mitsprechen lassen.
Anregen, sich Tiere beim Zuhören zu merken und diese nach dem Vortrag zu nennen.
Tierkärtchen den Kindern zeigen und fragen, welches Tier auf dem Kärtchen
im Gedicht vorkam, welches nicht.
Bilder zu den Tieren im Gedicht mitbringen oder in den Büchern der Gruppe suchen.
Über den witzigen Schlussvers sprechen: „Bei der Tierschau schaun die Tiere /
sich vergnügt die Menschen an."

Von Zahlen und vom Zählen

Zweistimmig

Die Amsel singt,
ich singe mit.
Sie macht türüü
Und ich ziwitt.

Nun knurrt mein Hund
und knurrt mein Bauch.
Mein Herz schlägt fünf,
die Wanduhr auch.

Jörg Schubiger

Das Gedicht wiederholt vorsprechen und die Reimwörter von den Kindern
suchen lassen: mit – ziwitt, Bauch – auch.
Am Ende des Gedichts zählen alle Kinder bis fünf. Dabei kann der Gong einer Uhr
(gedacht ist an eine Uhr mit Pendel) gestisch nachgeahmt werden.
Darüber sprechen, was um „fünf" Uhr am Nachmittag geschieht:
Von der Kita abgeholt werden / Papa, Mama kommen nach Hause / die Erzieherin
hat Arbeitsschluss / der Hund muss rausgebracht werden usw.

Nachmittag einer Schlange

Eine Schlange
lag im Wiesenschaumkraut
am Weiher
und machte aus sich selbst
einen Dreier.

Danach
lag sie als Sechser,
als Neuner,
als Null
und zuletzt als Brezel
im Sonnenschein.

Doch als die Leute
durch die Gegend schlurften,
schlüpfte die Schlange
ins Wasser
und schwamm zum anderen Ufer.

Dort war sie wieder allein.

JOSEF GUGGENMOS

Die genannten Zahlen mittels eines Tuches, eines Schals o. Ä. legen und so
der „Verwandlung" der Schlange folgen (Drei, Sechs, Neun, Null und eine „Brezel").
Bestimmen, was die Schlange zuerst war, was dann folgte usw.
Die Zahlen immer wieder benennen lassen.

Von 1 bis 2
ist viel Geschrei
im Baum um 3
legt eins ein Ei
um 4
ist Ruhe
im Revier
von 5 bis 6
ist dies und das
und fällt ein Apfel
in das Gras
der Kuckuck ist
sogar bis 7
dageblieben
um 8
hat es im Ast
gekracht
von 9 bis 10
kann man die
dicke Eule sehn
jedoch nach 11 und 12
im Baum
träumt jeder seinen
Traum

Jürgen Spohn

Schlafen und Träumen

Der Mond mit seinem Scheine

Dich liebt, du feine Kleine,
Der Mond mit seinem Scheine.
Gehst du, dann will er gehn.
Ruhst du, dann will er ruhen
Und in den Silberschuhen
Gehorsam oben stehn.

Der Mond ist, feine Kleine,
Ein Hündchen an der Leine,
Ein Luftballon am Band.
Und wird dein Atem sachter
Im warmen Bett, bewacht er
Dich oben überm Land.

Gianni Rodari

Projekt „Der Mond": Besonders schöne metaphorische Wendungen aus dem Gedicht
mit den Kindern heraussuchen und darüber sprechen.
Der Mond steht „in den Silberschuhen".
Er ist „ein Hündchen an der Leine" / „ein Luftballon am Band."
Worte dafür finden, was der Mond noch sein kann.
Mond-Bilder suchen oder selbst malen.
Musikaufnahmen mitbringen, die zum Gedicht passen könnten: Mozarts „Kleine Nacht-
musik", Schuhmanns „Kinderlieder" oder selbst eine Melodie zum Gedicht erfinden.

Guten Abend, gute Nacht,
Mit Rosen bedacht,
Mit Näglein besteckt,
Schlupf unter die Deck,
Morgen früh, wenn's Gott will,
Wirst du wieder geweckt.

Das Abendwolkenschaf

Das Abendwolkenschaf
schaut weithin übers Land.
Es lockt den Abend an
vom letzten Himmelsrand.

Das Abendwolkenschaf
steht oben auf dem Deich.
Wenn es nach Hause geht,
dann dunkelt es sogleich.

Das Abendwolkenschaf,
weiß niemand, wo es wohnt,
doch wenn es geht, erscheint
der gute, stille Mond.

FREDERIK VAHLE

Anregen, eine „Wohnung" für das „Abendwolkenschaf" zu erfinden, diese zu malen,
aus Materialien zu formen usw.

Einem Kinde im Dunkeln

(Für Puttel)

Gib mir deine kleine Hand.
So, nun bist du nicht allein.
Kind, du sollst nicht einsam sein
Mit dem Schatten an der Wand.

Fällt der Abend auf die Welt,
Kühlt die Sonne langsam aus.
Schläft die Wolke hinterm Haus,
Nicken Blümlein auf dem Feld.

Sternlein glimmen langsam schon,
Wind nach unserm Fenster zielt.
Und der Abendengel spielt
Mit dem blassen Mondballon.

Leise, leise rauscht der Baum …
Bäumlein sinkt. Nun ruhst du brav.
Segne dich ein guter Schlaf,
Segne dich ein schöner Traum!

Mascha Kaleko

Anhang

Hinweise

Das Wort Kita, „Kindertagesstätte", hat nach dem zweiten Weltkrieg in der alten Bundesrepublik das Wort „Kindergarten" häufig ersetzt. Nach der Wiedervereinigung hielt es auch in den neuen Bundesländern Einzug. „Kindergarten" nannte der Pädagoge Friedrich Fröbel (1782–1852) seine Einrichtung, die er für Kinder von 3–6 Jahren 1837 in Thüringen schuf. In vielen Ländern der Welt ist das Wort „Kindergarten" übernommen worden und wird bis heute benutzt. In diesem Buch steht neben dem Begriff „Kita" gleichwertig der Begriff „Kindergarten".

Hervorhebungen und gestalterische Neuaufteilungen in Texten in diesem Buch wurden von der Verfasserin der didaktischen Aufbereitung wegen vorgenommen.

Die Abschrift der Reime und Gedichte folgte den Verfassern. Einige wenige Wörter wurden der neuen Rechtschreibung angepasst.

Danksagung

Mein Dank gilt den Cornelsen Schulverlagen, Redaktion Frühpädagogik, Christina Henning und Mareike Kerz.

Danken möchte ich Katja Raderkopp, Erzieherin in einer Kita im Barnimer Land, die mich in ihre Gruppe einlud und mir zeigte, wie „ihre" Kinder mit Sprache umgehen, was sie können und wie lernbegierig sie sind.

Zudem begutachtete sie die Textsammlung und schenkte mir einige Reime, die ihre Kinder besonders gern sprechen.

Für das Gedicht „Ich bin die Bücherschreibcliese", das mir mein Sohn für dieses Buch schenkte, danke ich ihm herzlich.

Literaturangaben

Primärliteratur

ARTMANN, H. C. (1975): *batman und robin.* In: Borchers, Elisabeth (Hrsg.):
   Das große Lalula. Frankfurt a. M.: insel taschenbuch 91, S. 88.
BLÜTHGEN, VICTOR (1988): *Quengelinchen.* In: Tiede, Hans-Otto (Hrsg.): Sieben
   Blumensträuße. Berlin: Volk und Wissen Volkseigener Verlag, 4. Aufl., S. 71.
DEHMEL, PAULA (1979): *Gutenachtliedchen.* In: Faulbaum, Paul / Ockel, Eberhard
   (Hrsg.): Sonniges Jugendland. Gedichte, Kinderlieder und Reime. Hannover:
   A. W. Zwickfeldt Verlag, S. 19 f.
DEHMEL, PAULA (o. J.): *Osterlied.* (Auszug). In: Alle meine Häschen. Ein lustiges
   Hasenbilderbuch von Fritz Koch-Gotha. Esslingen, Wien: Alfred Hahn's
   Verlag, S. 8.
DEHMEL, PAULA (1969): *Rumpumpels Geburtstag.* In: Dies.: Von morgens bis
   abends. Die Verse von Paula Dehmel. Berlin: Der Kinderbuchverlag, o. S.
FALKE, GUSTAV (1999): *Eine Kuh, die saß im Schwalbennest.*
   In: Zakis, Ursula (Hrsg.): Eine Kuh, die saß im Schwalbennest. Augsburg:
   Weltbild Verlag, S. 65.
FÜHMANN, FRANZ (1981): *In der Kuchenfabrik.* In: Ders.: Die dampfenden
   Hälse der Pferde. Berlin: Der Kinderbuchverlag, 3. Aufl., S. 60 f.
   © Hinstorff GmbH, Rostock
GOETHE, JOHANN, WOLFGANG (1999): *Heidenröslein.* In: Ders.: Gedichte.
   München: Verlag C. H. Beck, S. 78.
GUGGENMOS, JOSEF (1998): *Bumdidi.* In: Wilhelm Steffens: Spielen mit
   Sprache im ersten bis sechsten Schuljahr. Baltmannsweiler: Schneider
   Verlag Hohengehren, S. 60. © Josef Guggenmos Erben
GUGGENMOS, JOSEF (1990): *Nachmittag einer Schlange.* In: Ders.:
   Oh, Verzeihung, sagte die Ameise. Weinheim und Basel: Beltz & Gelberg,
   S. 29. © 1990 in der Verlagsgruppe Beltz, Weinheim/Basel
HALLE, WERNER (1971): *Gemüseball* (1. Str.). In: Bilder und Gedichte für Kinder
   zu Haus, im Kindergarten und für den Schulanfang. Braunschweig:
   Westermann Verlag. © 2014 Otto Maier
HÄRTLING, PETER (1991): *Sechs Sätze für Fabian.* In: Ders.: Der letzte Elefant.
   Ravensburg: Ravensburger Buchverlag Otto Maier, S. 18.
HEYMANN, HELMA (2013): *Abzählreim / Der kleine Spatz* (Auszug). Unv. Ms.
HOFFMANN VON FALLERSLEBEN, AUGUST, HEINRICH (1962): *Der Birnenschmaus.*
   In: George, Edith (Hrsg.): Im Frühling wie im Winter. Kindergedichte. Berlin:
   Der Kinderbuchverlag, S. 57.

JANOSCH (2011): *Liebe Sonne scheine.* In: Ders.: Janosch's Tierische Parade. Weinheim und Basel: Beltz & Gelberg, S. 178. © Janosch film & medien AG, Berlin

JATZEK, GERALD (1995) (aus dem Englischen): *Der kleine Fritz Floh.* In: Der bunte Hund. Weinheim und Basel: Beltz & Gelberg, Nr. 41, S. 49.

KALEKO, MASCHA (1995): *Einem Kinde im Dunkeln.* In: Dies.: Das lyrische Stenogrammheft. Hamburg: Rowohlt Taschenbuch, S. 29.

KÖNNER, ALFRED (1988): *Dicki Nicki / Woher kommt das Ei?* In: Tiede, Hans-Otto (Hrsg.): Sieben Blumensträuße. Berlin: Volk und Wissen Volkseigener Verlag, 4. Aufl., S. 241 / S. 142.

KRÜSS, JAMES (2007): *Kleine Elefanten / Hereinspaziert zur Tierschau.* In: Raecke, Renate (Hrsg.): Ein Eisbär ist kein Pinguin. Das große James Krüss-Buch. Köln: Boje Verlag, S. 29 / S. 73. © Carlsen Verlag GmbH, Hamburg 2003

KRUSE, MAX (1968): *Mond, Baum Abendruh.* In: Ders.: Windkinder. Reutlingen: Ensslin Verlag.

LINGG, HERMANN VON (2009): *Der Papagei.* In: Steenbeck, Greta (Hrsg.): Reime und Gedichte für Kinder. München: Compact Verlag, S. 49.

LINDEMANN, WERNER (1988): *Der Wasserlinsenplinsen.* In: Tiede, Hans-Otto (Hrsg.): Sieben Blumensträuße. Berlin: Volk und Wissen Volkseigener Verlag, 4. Aufl., S. 217.

MORGENSTERN, CHRISTIAN (1984): *Die drei Spatzen / Die Enten laufen Schlittschuh.* In: Ders.: Der Entenschlittschuhschmied. Berlin: Der Kinderbuchverlag 1984, 2. Aufl., o. S.

PLUDRA, BENNO (1988): *Enne-menne Tintenfass.* In: Tiede, Hans-Otto (Hrsg.): Sieben Blumensträuße. Berlin: Volk und Wissen Volkseigener Verlag, 4. Aufl., S. 75.

PUTZGER, REINER (1988): *Die Äpfel sind rund / Sieben Kinder warten.* In: Tiede, Hans-Otto (Hrsg.): Sieben Blumensträuße. Berlin: Volk und Wissen Volkseigener Verlag, 4. Aufl., S. 74.

RATHENOW, LUTZ (1989): *Schnupfen.* In: Ders.: Sterne jonglieren. Ravensburg: Otto Maier Ravensburg, S. 5.

RINGELNATZ, JOACHIM (2006): *Volkslied.* In: Ders.: Geheimes Kinder-Spiel-Buch, 3. Aufl. Berlin: Aufbau-Verlag, S. 14.

RODARI, GIANNI (1972): *Der Mond mit seinem Scheine.* In: Ders.: Kopfblumen. 7 x 7 Gedichte für Kinder. Übersetzt und in 7 Sträuße gebunden von James Krüss. Berlin: Der Kinderbuchverlag, S. 92. © James Krüss Erben

Schubiger, Jörg (2010): *Zweistimmig.* In: Ders.: Der Wind hat Geburtstag. Wuppertal: Peter Hammer Verlag, S. 42.

Schulz, Sven-Dirk (2008): *Ich bin die Bücherschreibeliese* (Auszug).
  Berlin: Unv. Manuskript.
Seidel, Heinrich (1997): *Das Huhn und der Karpfen.* In: Pleticha, Heinrich
  (Hrsg.): Schöne alte Kindergedichte. Von Martin Luther bis Christian
  Morgenstern. Darmstadt: Wissenschaftliche Buchgesellschaft, S. 219.
Spee, Friedrich von (2011): *Die Blümelein, sie schlafen.* In: Schläft ein Lied
  in allen Dingen. Berlin: Tulipan Verlag, S. 12.
Spohn, Jürgen (1972): *Von 1 bis 2 ist viel Geschrei.* In: Ders.: Der Spielbaum.
  Ravensburg: Ravensburger Buchverlag Otto Maier. © Barbara Spohn 1992
Vahle, Frederik (1994): *Das Abendwolkenschaf / Nasenweisheit.*
  In: Ders.: Der Himmel fiel aus allen Wolken. Weinheim und Basel:
  Beltz & Gelberg, S. 52 / S. 103.
Weinert, Erich (1988): *Bärchen hat sich überfressen / Eine Segelbootpartie*
  In: Tiede, Hans-Otto (Hrsg.): Sieben Blumensträuße. Berlin: Volk und Wissen
  Volkseigener Verlag, 4. Aufl., S. 238 / 234.

Alte Kinderreime, Lieder, Tanz- und Reigenspiele von unbekannten Verfassern

Die mit einem Sternchen * vermerkten Texte in diesem Buch sind alte Kinderreime, deren Verfasser unbekannt sind und die aus dem Gedächtnis wiedergegeben wurden.

Weitere im Buch vorkommende alte Kinderreime wurden den nachstehenden
Publikationen entnommen. (Die Seitenangaben beziehen sich auf den Stand-
ort der Texte im vorliegenden Buch. – Die Zitationsweise weicht wegen des
schnellen Suchens in anderen Medien von der herkömmlichen ab.)

Das Jahreszeiten-Reimebuch / Kinderzeit im Festtagskleid. (Hrsg. von Ilse
  Walter). Freiburg, Basel, Wien: Herder & Co. 1992 / 1993. (S. 43, 58, 59, 69)
Des Knaben Wunderhorn. Alte deutsche Lieder, gesammelt von Achim von
  Arnim und Clemens Brentano. Frankfurt a. M.: insel taschenbuch 85, 1974.
  (S. 52, 81, 82, 103, 113)
Dunkel war's, der Mond schien helle. (Hrsg. von Horst Kunze). Leipzig:
  Faber & Faber 2005. (S. 91)
Ilse Bilse. Zwölf Dutzend alte Kinderverse. (Hrsg. von Achim Roscher).
  Berlin: Der Kinderbuchverlag 1968. (S. 46, 47, 49, 54, 61, 63, 65, 93)
Kinderreime und Verse. Reichelsheim: Edition XXL GmbH 2002.
  (S. 46, 54, 55, 83)

Kribbel, krabbel Mäuschen. Kinderreime für junge Eltern. Münster: Coppenrath
    Verlag 2004. (S. 51, 64, 65, 66, 67)
Schläft ein Lied in allen Dingen. Berlin: Tulipan Verlag 2011. (S. 99)

Sekundärliteratur

BRECHT, BERTOLT (1993): *[Gestus].* In: Ders.: Kleines Organon für das Theater.
    GBA, Bd. 23. Berlin und Weimar / Frankfurt am Main: Aufbau-Verlag /
    Suhrkamp Verlag, S. 89.
Brecht, Bertolt (1995): *Über die gestische Sprache in der Literatur.*
    In: Ders.: Buch der Wendungen. GBA, Bd. 18. Berlin und Weimar / Frankfurt
    am Main: Aufbau-Verlag / Suhrkamp Verlag, S. 78 f.
KRÜSS, JAMES (1969): *Ammenreime und Buchstabenspiele.* In: Ders.: Naivität
    und Kunstverstand. Gedanken zur Kinderliteratur. Weinheim, Berlin,
    Basel: Verlag Julius Beltz, S. 11–15.
KÜRSCHNER, WILFRIED (2003): *Grammatisches Kompendium.* 4. Aufl.
    Tübingen / Basel: A. Francke.
ROSCHER, ACHIM (1968): *Nachwort.* In: Ders.(Hrsg.): Ilse Bilse. Zwölf Dutzend
    alte Kinderverse. Berlin: Der Kinderbuchverlag, S. 164–167.
SCHROTT, RAOUL / JACOBS, ARTHUR (2011): *Gehirn und Gedicht.* Wie wir unsere
    Wirklichkeiten konstruieren. München: Carl Hanser Verlag.
SCHULZ, GUDRUN (2012): *„Tanz, Kindlein, tanz, / Dein Schühlein sind noch ganz".*
    Kinderreime fördern die Sprachentwicklung in der frühen Kindheit und
    schaffen Grundlagen für „eine spezielle Art Reimlexikon". In: Franz, Kurt /
    Payrhuber, Franz-Josef (Hrsg.): „Und dann und wann ein weißer Elefant..."
    Alles Lyrik – historisch, didaktisch, medial. Baltmannsweiler: Schneider
    Verlag, S. 87–106.
SZAGUN, GISELA (2007): *Das Wunder des Spracherwerbs.* So lernt ihr Kind
    sprechen. Weinheim und Basel: Beltz Verlag.